高等职业院校职业素质教育改革创新教材

新时代高职学生劳动教育

（第二版）

XINSHIDAI GAOZHI XUESHENG LAODONG JIAOYU

主　编　王官成　吕红刚

副主编　俞　燕　李小庆　潘　雪　汤雪静

　　　　刘妮娅　黄亚歌

中国教育出版传媒集团

高等教育出版社·北京

内容提要

本书突出劳动教育的时代性和职业教育特色,致力于中国特色劳动教育模式的探索。

本书包括理论篇、实践篇两篇及劳动实训部分。两篇内容包括"树立正确的劳动观念""培育积极的劳动精神""掌握基本的劳动知识与能力""养成良好的劳动习惯和品质""做新时代的劳动者""日常生活劳动""生产劳动""服务性劳动""职业院校特色劳动"九个模块。通过"问题发现""案例点评""话题感悟""劳动体验"等栏目以及综合实训、劳动能力测评活动,引导大学生树立正确的劳动观念,培育积极的劳动精神,培养良好的劳动习惯和品质,掌握必备的劳动技能,提升综合素养,以劳动为依托促使大学生成为德智体美劳全面发展的社会主义建设者和接班人。本次修订,在保持原有体例、主体内容的基础上,替换了部分案例、图片,并融入了体现新质生产力的相关内容。为了利学便教,本书另配有微课、课件、教案等数字化资源。

本书适合作为高等职业院校劳动教育课程教材,也适合中等职业学校及其他层次学校教学使用。

图书在版编目(CIP)数据

新时代高职学生劳动教育 / 王官成,吕红刚主编.
2版. -- 北京 : 高等教育出版社, 2025. 8. -- ISBN
978-7-04-065109-6

Ⅰ. G40-015

中国国家版本馆 CIP 数据核字第 2025DK1510 号

策划编辑 雷 芳 责任编辑 丁钰航 雷 芳 封面设计 张文豪 责任印制 高忠富

出版发行	高等教育出版社	网 址	http://www.hep.edu.cn	
社 址	北京市西城区德外大街 4 号		http://www.hep.com.cn	
邮政编码	100120	网上订购	http://www.hepmall.com.cn	
印 刷	浙江天地海印刷有限公司		http://www.hepmall.com	
开 本	787 mm×1092 mm 1/16		http://www.hepmall.cn	
印 张	12.5	版 次	2022 年 4 月第 1 版	
字 数	253 千字		2025 年 8 月第 2 版	
购书热线	010-58581118	印 次	2025 年 8 月第 1 次印刷	
咨询电话	400-810-0598	定 价	36.00 元	

本书如有缺页、倒页、脱页等质量问题,请到所购图书销售部门联系调换
版权所有 侵权必究
物 料 号 65109-00

编委会

主　编：

王官成　吕红刚

副主编：

俞　燕　李小庆　潘　雪　汤雪静　刘妮娅　黄亚歌

参　编（排名不分先后）：

黄文胜　杨　赟　周美华　张野南　慕景强　何　川　胥斐然

刘晓金　王　静　辛荔芸　秦卓云　刘　瑶　薛运强　何　雁

杨　栓　王光花　王　瑞　黄　伟　刘金飞　彭　余　谭琳浩

前　言

　　劳动教育的发展带有鲜明的时代特色。中华民族伟大复兴的战略全局和世界百年未有之大变局,对高校大学生的创新能力和劳动能力提出了全新的要求。2018年,习近平总书记在全国教育大会上提出:"要在学生中弘扬劳动精神,教育引导学生崇尚劳动、尊重劳动,懂得劳动最光荣、劳动最崇高、劳动最伟大、劳动最美丽的道理,长大后能够辛勤劳动、诚实劳动、创造性劳动。"2020年,中共中央、国务院印发《关于全面加强新时代大中小学劳动教育的意见》,对新时代劳动教育做出顶层设计和全面部署。随后,教育部印发《大中小学劳动教育指导纲要(试行)》,针对劳动教育是什么、教什么、怎么教等问题进行了细化的专业指导。贯彻新时代劳动教育要求,强化劳动教育的重要地位,培养社会主义建设者和接班人的劳动精神面貌、劳动价值取向和劳动技能水平,既是国情使然,更是时代要求。此外,新质生产力的发展对劳动者的知识和技能提出了更高的要求。本书在第二版修订时,立足新质生产力"以劳动者、劳动资料、劳动对象及其优化组合的质变为基本内涵",注重从新质生产力的高技术、高效能、高质量等特征出发,培育具有科学家潜质和新型技工能力的科技创新后备军。

　　本书是为职业院校劳动教育课程编写的新形态一体化教材。本书包括9个模块(共计28个项目)以及劳动实训部分,通过"问题发现""案例点评""话题感悟""劳动体验"等栏目,诠释了劳动教育的相关理论,并对劳动实践进行指导,旨在帮助学生树立正确的劳动观念,培育积极的劳动精神,养成良好的劳动习惯和品质,掌握必备的劳动技能。

　　育人的根本在于立德。本书坚持立德树人,突出职教特色,切实做到以学生为中心,活动设计操作性强。本书致力于中国特色劳动教育模式的探索尝试,形成了如下的编写特色。

1. 编写理念紧跟时代步伐

　　本书以习近平新时代中国特色社会主义思想为指导,落实全国教育大会精神,坚持立德树人,紧紧围绕高校劳动教育教学的课程特点和现实需求,突出劳动教育的时代性和职教特色,注重教育实效,实现知行合一。把劳动教育纳入人才培养全过程,使其渗透家庭、学校、社会等各方面,与德育、智育、体育、美育相融合。为适应新质生产力对劳动者技能与职业发展的要求,着力培养新型劳动者,第二版修订时在模块一、二、五及时融入了党的二十大及两会关于新质生产力的最新精神与内容。同时,鉴于模块七至九原有的活动设计较为传统,我们适当增添了数字经济时代的新模式与新业态元素,以确保课程内容与时俱进,契合时代发展需求。

2. 内容理实一体化

本书编写着力凸显劳动精神、工匠精神、劳模精神等职业精神,体现创新创业的时代特征。多个省、自治区、直辖市的代表性企业及劳模作为示范,弘扬务实的劳动精神,使高职院校学生在劳动教育与实践中修德、启智、健体、育美,达成塑造劳动品德、培育劳动情怀、掌握专业技能、历练创新创业、提升职业素养的教学目标。同时紧密贴合智能制造、现代服务业、绿色经济等产业需求,结合职业学校教学实际,切实做到以学生为中心。采用理实一体化的编写模式,在教材内容编排上,采取了"理论知识+技能操作+实训演练+在线课程"的结构框架,体现了"做中教,做中学,做中求进步"的职业教育特色。

3. 呈现形式灵活新颖

本书力求克服教材的传统形式,建设融媒体教材(活页+微课+慕课)。本书采用"主体教材(理实一体化)+ 数字化教学资源"的形式,在编写过程中将教材内容要点化、步骤化、图表化、案例化,增强启发性。通过"问题发现""案例点评""话题感悟""劳动体验"等栏目的设计,增强学生的感性认识,以达到便于学生理解、快速掌握的目的。本书微课等数字化资源配套齐全,有助于营造人人皆学、处处能学、时时可学的学习环境,便于学生进行泛在学习及教师进行混合式教学。活页式教材具有高度灵活性,可拆解、可组合,方便制定"校本化"教学模块,满足日新月异的教学需求。

4. 资源配置丰富实用

本书数字化教学资源丰富,实用性强。立足智慧职教慕课,建设了微课视频、动画视频等,其中,慕课可在智慧职教平台(www.icve.com.cn)搜索学习,其他资源以二维码链接形式呈现,扫描即可获取。本书力图实现"一书一课一空间",协同家庭、学校、社会力量,构建线上课程与线下教学融合、课堂教学与课外实践活动一体的全方位教育模式,提升劳动教育的成效。

由于编者的水平有限,本书难免存在许多不足,恳请广大读者批评指正。

编　者

目 录

上篇 理 论 篇

下篇　实　践　篇

劳　动　实　训

资源导航

上篇　理论篇

模块一　树立正确的劳动观念

劳模风采

张遥:我心向党·劳动创造幸福

　　张遥是海南省最美农民工、海南省五一劳动奖章获得者、全国五一劳动奖章获得者。作为一名普通的环卫工人,2013年加入环卫队伍以来,他做过垃圾清运,干过车队管理,但无论在哪个工作岗位,这位"城市美容师"都勤勤恳恳,抱着"宁愿一人脏、换来万家洁"的精神,不怕脏、不怕累,用辛勤的劳动换来了城市的干净、整齐。始终做到无论从事什么工作,都干一行、爱一行、钻一行。他用实际行动证明:劳动不分贵贱,任何职业都很光荣,都能出彩。

学习目标

　　1. 了解马克思主义劳动价值观、中华优秀传统文化中的劳动观念、新时代劳动价值观、新时代劳动者的职业观的基本内涵,厘清它们之间的承启关系。

　　2. 掌握马克思主义劳动价值观、中华优秀传统文化中的劳动观念、新时代劳动价值观、新时代劳动者的职业观的具体行动指南及要点。

　　3. 树立劳动最光荣、劳动最崇高、劳动最伟大、劳动最美丽的劳动价值观。

劳动最光荣

问题发现

　　受当前社会不良风气和不当家庭教育的影响,一些青少年"崇尚分数、崇尚快乐",认为"劳动分贵贱",出现了不爱劳动、不想劳动、不会劳动、不珍惜劳动成果、不尊重劳动的现象。缺乏良好的劳动观念,更缺乏主动劳动的习惯和意识,以致不少年轻人走入社会后适应期很长。历史证明劳动是创造价值的唯一源泉,劳动是推动人类社会进步的根本力量,帮助大学生树立正确的劳动价值观,对培养德智体美劳全面发展的社会主义建设者和接班人具有重大意义。要推动社会发展,实现复兴蓝图,必须通过新时代劳动者引领劳动最光荣、劳动最崇高、劳动最伟大、劳动最美丽的新风尚,让崇尚劳动、热爱劳动、辛勤劳动、诚实劳动的新时代劳动精神在全社会蔚然成风。以劳动的手段来锻造艰苦奋斗的意志,实现中华民族伟大复兴的中国梦。

项目一　马克思主义劳动价值观

核心内涵

　　劳动创造了人和人类历史。马克思认为,人类通过劳动摆脱了最初的动物状态,劳动是人区别于其他动物的生物特性;人类的发展过程就是劳动的发展史,人类历史是在一定的社会形式中由劳动创造的历史;劳动是价值产生的唯一源泉。一切有价值的商品都是建立在劳动创造的基础上的,价值是人类抽象劳动的凝结,是凝结在商品中无差别的人类劳动;劳动是实现人全面发展的基本途径。马克思主义点明,在合理的社会制度下,每个有劳动能力的人都应当学会劳动,不仅要能够用手劳动,而且要能够用脑劳动,从而将体力劳动与脑力劳动结合起来,使人各方面的能力得到充分的、协调的发展,成为全面发展的人。

行动指南

1. 在劳动中实现人的全面发展

　　在教育史上,许多仁人志士提出了关于人的全面发展的主张。空想社会主义者圣西门首次提出了"全面发展的人"的理论。傅立叶提出"协作教育"的概念,即让儿童轮

流参加各种劳动,实现体力和智力等方面的全面发展。欧文在他的共产主义移民区中要求所有人交替从事各种劳动,并强调劳动者本身的全面发展,将体力劳动与脑力劳动的结合视为实现人全面发展的基本途径。马克思在《资本论》中指出:"未来教育对所有已满一定年龄的儿童来说,就是生产劳动同智育和体育相结合,它不仅是提高社会生

产的一种方法,而且是造就全面发展的人的唯一方法。"劳动是人生的必修课,劳动能磨炼意志,增进身心健康。劳动是促进个体成长的重要因素,劳动是人实现德智体美劳全面发展的基本途径。

2. 以勇挑重担的劳动精神助力事业成功

　　劳动是提高人们生活水平、创造幸福生活的基础。人世间的一切成就、一切幸福都源于劳动和创造。用科技革新提高生产力的"80后"青年秦世俊参加工作十余年,累计完成了二十多年的工作量。以秦世俊的名字命名的劳模创新工作室,以团队名义申报国家专利超过40项,自制工装夹具100余套,实现"小改小革"1 000多项,创效超过千万元。秦家"两代劳模"的故事为人们津津乐道:秦世俊的父亲曾被评为公司十大劳模

之一。如今,秦世俊在追求数控加工的道路上越走越远,青出于蓝而胜于蓝,尝到了超越父辈的甜头。秦世俊研究出"逆向思维、反向采点"的加工腹板新方法,将生产效率提高了8倍,交检合格率达到100%。在加工新机型尾减安装平台时,他创新的方法让零件加工周期一次性大幅缩短,加工成本降低了75%。由此可见,无论时代如何变化,劳动永远

是推动经济社会发展的基础。只有大家齐心协力地劳动,才能不断地创造价值,推动历史的车轮持续往前运转。一切劳动者,只要肯学肯干肯钻研,练就一身真本领,掌握一手好技术,就能立足岗位、成长成才,在劳动中发现广阔的天地,在劳动中体现价值、展现风采、感受快乐。

3. 用勤勉踏实的劳动态度托起人生梦想

只有依靠劳动,我们才能在这个世界上存续与发展,才能逐步实现自己的梦想。由此可见,劳动是现实与梦想之间的桥梁和纽带。要将梦想变为现实,需要勤勉踏实的劳

动态度。在国家层面,要坚持科教兴国战略、人才强国战略、创新驱动发展战略,充分调动广大劳动者的积极性、主动性、创造性,不断拓展人才成长空间,努力塑造一支有理想、有智慧、有技能、会创新的高素质劳动者队伍。在个人层面,要将个人梦想与国家梦想紧紧相连,把人生理想、家庭幸福融入国家富强、民族振兴的伟大事业,形成"干一行爱一行,钻一行精一行"的社会风尚。做到这些,我们就能够让一切劳动与创新的活力竞相迸发,让一切创造社会财富的源泉充分涌流。大学生正处于人生当中最美好、最有激情、最有活力的重要阶段,这也是敢于有梦、勇于追梦、勤于圆梦的关键时期。唯有依靠勤耕不辍、持之以恒的劳动,大学生的青春之梦才能实现。

4. 用脚踏实地的辛勤劳动推进社会发展

中华民族是勤于劳动、善于创造的民族,正因为劳动创造,我们拥有了历史的辉煌,也正因为劳动创造,我们拥有了今天的成就。改革开放40多年来,中国人民用自己辛勤的劳动创造了举世瞩目的伟大成就,中国特色社会主义也进入了新时代。同时,我们也要清醒地认识到,我国仍处于并将长期处于社会主义初级阶段,社会财富还不够充裕,只有依靠广大人民群众脚踏实地、持之以恒的诚实劳动、辛勤劳动,实现中国梦的美

好愿景才能变为现实。劳动是实现国家富强、民族振兴、人民幸福的根本路径。

价值引领

青年学生是社会主义事业的建设者和接班人,肩负着中华民族伟大复兴的历史使命。树立正确的劳动价值观,对大学生形成社会主义核心价值观、实现德智体美劳全面发展有着重要的价值。树立正确的劳动价值观是大学生成为社会主义现代化合格的建设者和接班人的迫切需求,是培养德智体美劳全面发展的人才的迫切需求,是广大青年学生实现人生理想和中华民族实现伟大复兴的中国梦的迫切需求。当前正是全党和全国各族人民为实现第二个百年奋斗目标努力拼搏的关键时期,深刻理解马克思主义劳动价值观,不仅有助于我们深刻认识到劳动的价值,而且有助于在全社会形成"劳动最光荣、劳动最崇高、劳动最伟大、劳动最美丽"的价值取向。

项目二　中华优秀传统文化中的劳动观念

核心内涵

中华优秀传统文化中的劳动观念,其基本内涵包括勤俭、奋斗、奉献、创新等。中国传统的劳动教育渗透于人民的日常生活之中,通过礼仪制度、学校教育、家训家风等途径实现。中国传统社会保留着耕读结合的优良传统,普通人家在从事农业生产劳动之余也读书学习。如今,社会分工越来越细,我们更需要大力弘扬中华优秀传统文化中的劳动观念,通过评选劳动模范人物并大力宣传模范人物的先进事迹,在全社会形成示范效应,带动群众积极参加劳动,让青年一代在劳动过程中增强自身体质,树立尊重劳动、尊重他人的思想观念,最终实现德育的目标。

行动指南

1. 继承勤俭美德,让生活更美好

《左传》有言:"俭,德之共也;侈,恶之大也。"勤俭是一种美德,更是一种责任,是尊重劳动的集中体现,是中华民族在历史长河中凝聚成的劳动精神。在新时代,勤俭的劳动精神对中华民族更加重要,它体现了中华民族的生活态度、精神风貌和民族品质,一个人如果热爱劳动,那么就会拥有勤俭的品质,就不会在遇到挫折时轻言放弃,他会积极上进、锐意进取,成为一个对社会有用的人。只有懂得勤俭的人,才能让生活蒸蒸日上,才能收获更多的人生幸福。一生勤俭爱国的"布衣院士"卢永根教授、

当代雷锋郭明义、感动中国的拾荒捐资助学的刘盛兰、中国邮政的"忠诚信使"王顺友等都用勤俭节约的实际行动为人们树立了榜样,提升了人们的精神道德境界,促进人的全面发展,搭建了通向富裕的桥梁,为他人创造了美好生活。要将个人"小我"融入社会"大我",聚合崇俭抑奢的正能量,让勤俭为幸福生活保驾护航,成为新时代美好生活的新风尚。

2. 发扬奋斗精神,让青春更美丽

习近平总书记指出"幸福都是奋斗出来的",要"撸起袖子加油干"。新时代是奋斗的时代,青年是国家的希望、民族的未来。青春之美是爱国之美、奋斗之美、学习之美。我们每一个青年都应该肩负使命、坚定理想信念、站稳人民立场、练就过硬本领、投身强国伟业、脚踏实地地做意志坚定的爱国者和永不停歇的奋斗者,为中国的美好未来奋斗。1997 年 11 月出生的杨山巍,是上海汽车集团股份有限公司乘用车分公司制造工程部尺寸论证工程师。2015 年,他从上海市杨浦职业技术学校汽修专业毕业。毕业后,在上汽集团和杨浦职业技校共同培养下,杨山巍凭借不懈努力,快速成长。2017 年 10 月,他代表中国出战第 44 世界技能大赛车身修理项目并斩获车身修理项目金牌。杨山巍用实际行动证明,青年要取得成功的人生,就要有"咬定青山不放松"的奋斗决心。奋斗是青春最美的底色,没有奋斗的青春是苍白的。新时代青年要用奋斗成就人生、创造辉煌,要在拼搏奋斗中砥砺品质、磨炼意志、拓展智慧、升华境界,要在奋斗中释放青春激情、追逐青春理想、锤炼青春品质、升华人生境界,让青春在奋斗中绽放光彩!

陈安武

3. 学会奉献,让人生绽放光芒

奉献就是一种不求回报的给予,是一种工作态度和社会责任,更是一种高尚的道德情操。说到奉献,人们往往会想到那些为国捐躯的英雄人物。但我们身边,也常有一些默默无闻的"英雄"。"最美"石油女工刘丽、"故宫画医"单嘉玖、京东快递小哥宋学文和千千万万的普通劳动者正是在奉献精神的感召和指引之下,只求付出、不求回报,干一行爱一行,钻一行精一行,一心扑在工作上,在平凡的岗位上做出了不平凡的业绩,成就了事业的辉煌。有了众多劳动者的无私奉献,座座高楼大厦才会平地而起,乡村田野才

会变得更加富饶美丽,社会的物质财富和精神财富才会不断增加,人类社会才会不断发展与进步。我们作为新时代的青年,为了实现远大理想,应将有限的生命投入到无限的为人民服务的事业中去。我们更应该以这种心态去面对我们的职责、我们的使命。每一项任务的推进与完成,我们都要始终抱着这种无私无我的精神去拼、去干、去实现,才会不负青春、不负韶华。

4. 勇于创新,让生活充满激情

创新是民族进步的灵魂、社会竞争的核心。我国古代的造纸术、印刷术、火药、指南

针,这四大发明曾在世界上有很大影响力,使得我国相关科技水平在历史上较长时期处于世界领先地位,此外,我国思想文化、社会制度、经济、科学技术以及其他许多方面都对周边国家及地区发挥了重要辐射和引领作用。今天的中国比以往任何时候都更加需要创新驱动、创新引领。当今世界,经济社会发展越来越依赖理论、制度、科技、文化等领域的创新,国际竞争新优势也越来越体现在创新能力上。我国强调"大众创业、万众创新",它的初衷就是释放全社会的创新潜能,让一切劳动、知识、技术、管理、资本的活力竞相迸发。每个人都是潜在的创新者或创新参与者,都有可能成为众创、众包、众扶、众筹中重要的一员。在这个创新创业的时代,国家有责任让创新大众化,让创新成为人民生活常态,使创新成为全社会的一种价值导向、一种生活方式、一种时代追求,有责任让大众的创新热情和创造智慧转化为创新的实践,让有创新意愿和追求创新价值的人都有施展的机会和空间,让大家都能成为创新的参与者和创新成果的分享者。

价值引领

习近平总书记在知识分子、劳动模范、青年代表座谈会上的讲话中提出:"梦想属于每一个人,广大劳动群众要敢想敢干、敢于追梦。说到底,实现中华民族伟大复兴的中国梦,要靠各行各业人们的辛勤劳动。现在,党和国家事业空间很大,只要有志气有闯劲,普通劳动者也可以在宽广舞台上展示自己的人生价值。"劳动如此美妙,勤俭让人立足,奋斗让人坚强,奉献让人幸福,创新让人奋发,新时代大学生应该积极投身到丰富多彩的劳动中去,向在改革发展、工农业生产、民生保障等经济、社会领域中涌现出来的劳动模范和时代楷模,特别是其中的一线普通劳动者学习,树立劳动创造美好生活的正确价值观,焕发劳动热情、释放创造潜能,在实现中国梦的伟大进程中继续拼搏奋斗、争创一流、勇攀高峰。

项目三　新时代劳动价值观

核心内涵

劳动是推动人类社会发展的根本力量,对劳动的评价也直接反映出社会的价值取向,任何形式的劳动都是可贵的、值得珍惜的。2020 年 11 月 24 日,习近平总书记在全国劳动模范和先进工作者表彰大会上指出:"在长期实践中,我们培育形成了崇尚劳动、热爱劳动、辛勤劳动、诚实劳动的劳动精神。"要将劳动最光荣、劳动最崇高、劳动最伟大、劳动最美丽的意义一代代传承下去。深刻认识劳动的重要意义,对新时代青年而言,既能帮助我们回溯劳动的历史、剖析劳动的本质,也能更好地宣传劳动价值、践行劳动精神,这在理论和实践层面都具有极为重要的价值。

新时代劳动价值观

行动指南

1. 树立劳动的自觉意识,做崇尚劳动的表率

劳动是创造幸福和获得幸福的源泉,中华民族历来是崇尚劳动的民族,崇尚劳动就

是尊重劳动贡献、认可劳动价值与地位、尊崇劳动之美的价值取向。劳动没有贵贱之分，青年应该树立正确的劳动观念，自觉培养和保持勤俭、奋斗、创新、奉献的精神，增强劳动的自觉意识，坚守"劳动崇高、劳动光荣"的信仰，在劳动过程中锐意进取、开拓创新，在劳动中成就美好人生。"95后"全国技术能手邹彬，作为建筑行业的青年代表，专注于砌墙工艺，以毫米级的精准度，将传统砌筑技艺与现代建筑需求完美结合，为建筑品质提升贡献了力量，也荣获了多项荣誉；"90后"全国劳动模范王中美，在桥梁建设一线，无惧高空与严寒酷暑，主导参与多座大型桥梁的焊接工作，以精湛的焊接技术保障了桥梁的坚固安全，展现了新时代青年劳模的担当与风采。收获成功的人生，不是一时之功。中华民族的伟大复兴也不是一帆风顺的，青年一代是国之栋梁，国家的发展需要青年的自觉、主动参与，青年要用辛勤的劳动破解新时代的发展难题。

2. 增强劳动的幸福感，从热爱劳动开始

热爱劳动是建立在崇尚劳动基础上的，是中华民族的传统美德，是对劳动行为所秉承的一种积极心态，是创造美好生活的劳动者所具备的精神品质。一个人要生存，要自立自强，要成就一番事业，就要养成自觉劳动的习惯，把劳动当成自己的职责，热爱劳动，以主人翁的态度对待劳动，用勤劳的双手创造生活、创造美。现代新锐雕塑家蒲爱兵，坚持"牛的精神"，用三年的时间雕刻了一尊高 2.3 米、长 5 米、底宽 1.8 米、重达 3 吨、震撼世人的"中国牛"。追逐着"绿色火电"梦想的青年沈而峻，因为热爱，努力探寻清洁

火电发电技术奥秘，通过研究与实践双结合的创造性劳动提高了机组效应，实现了个人与企业的共同成长。蒲爱兵、沈而峻通过实践再一次证明了青年人需要干一行爱一行，在各自的岗位上不仅要把事情做完，还要把事情做好、把事情做精，最终成就自己的奋斗梦想。全社会也要营造热爱劳动的风尚，让青年一代养成热爱劳动的习惯，让热爱劳动成为一种鲜明的价值标识，鼓励青年一代通过劳动实现自己的梦想，增强劳动的幸福感。

3. 树立正确的劳动价值观，践行诚实劳动

习近平总书记说："劳动是财富的源泉，也是幸福的源泉。人世间的美好梦想，只有通过诚实劳动才能实现；发展中的各种难题，只有通过诚实劳动才能破解；生命里的一切辉煌，只有通过诚实劳动才能铸就。"诚实的劳动者会积极投身到民族振兴的行列中，40 多年的改革开放创造了"中国奇迹"，这不是"天上掉馅饼"的事，而是我们在突破思想桎梏后，充分焕发劳动激情、积极劳动的结果，是全国人民奋发有为、辛勤耕耘的结果。从诸多对社会作出贡献的成功企业如华为、腾讯等来看，诚实经营确为企业发展的有力保障，是企业成功的必要条件。之所以倡导诚实劳动，是因为只有诚实劳动才能营

造健康的社会氛围。对社会而言,诚实劳动是社会转型和经济改革过程中规范社会关系的"润滑剂""稳定器"和"助推器",因此必须倡导诚实劳动。通过诚实劳动创造美好生活是亿万人民的共同追求,有利于形成以诚实劳动为荣的社会氛围。对国家而言,只有民众诚实劳动,制作出优质精良的产品,经得起考验,才能在国际社会中赢得尊重,在国际体系中享有话语权。我们所处的新时代,是平凡人通过辛勤劳动也可以出彩的美好时代。青年要积极参与社会实践,在社会实践中检验所学知识,积累实践经验,在劳动中增强能力本领,在逐梦年代贡献自己的力量,通过诚实劳动实现梦想。

价值引领

新时代的劳动精神具有鲜明的中国特色,彰显了时代特点、民族风范,是全体劳动者必须汲取的精神营养,是全民族的思想引领。宏大的中国梦,需要无数平凡的人以微小的力量兢兢业业地去筑造。青年一代必须牢固树立"劳动最光荣、劳动最崇高、劳动最伟大、劳动最美丽"的观念,崇尚劳动,造福劳动者,让全体人民进一步焕发劳动热情、释放创造潜能,通过劳动创造更加美好的生活。站在"十四五"规划的新征程上,我们更要树立正确的劳动价值观,践行"劳动最美丽,奋斗最青春"的理念,让中华巨轮在驶向幸福彼岸的大洋中乘风破浪、行稳致远。

项目四　新时代劳动者的职业观

核心内涵

职业观是指择业者对职业的认识、评价、选择及对与职业有关的各种事物的态度,是择业者择业时的指导思想,对一个人职业目标和择业动机起着决定性的作用。新时代劳动者要树立尊重劳动、尊重知识、尊重人才、尊重创造的职业观,自觉将个人价值实现统一于国家发展和民族复兴,在平凡的岗位上发挥自己的光和热,为全面建设社会主义现代化国家砥砺奋斗。

行动指南

1. 发扬"三牛"精神,学会尊重劳动

新时代劳动者的职业观

在中华传统文化里,牛向来是勤劳、奉献、奋进、力量的象征。"三牛"精神就是为民服务孺子牛精神、创新发展拓荒牛精神和艰苦奋斗老黄牛精神。"三牛"精神中深深镌刻着中国人民砥砺奋进的鲜明印记,充分体现了中国劳动人民坚守岗位、敬业奉献、团结拼搏、奋发有为、无私奉献的品质。全国劳动模范李素丽,在公交售票员这份平凡的工作中始终把"全心全意为人民服务"作为自己的人生追求,时刻牢记尊重劳动就是尊重自己,赢得了广大乘客的尊重和爱戴,被誉为"老人的拐杖、盲人的眼睛、外地人的向导、病人的护士、群众的贴心人"。正是如李素丽一样的普普通通的劳动者们,以不怕苦、能吃苦的"牛劲""牛力"展现了劳动者的光辉品质,诠释了他们认可和践行的职业观

和价值观。当然,随着时代的变迁,从就业、择业到创业,人们的职业观一直在变化,但更多的是在延续"三牛"精神;古之中国有诸葛亮"鞠躬尽瘁,死而后已"的大义,今之中国也不乏奋斗在各条战线的伟大英模,还有在普通岗位奋斗着的人们,他们正在共同拉响新时代中华儿女的敬业之弦、奏起践行社会主义核心价值观的奉献之歌,我们作为新时代青年,也要在平凡中发扬"三牛"精神,一步一个脚印地工作,坚守自我,用敬业诠释人生价值。

2. 勇于求真务实,学会尊重知识

哲学家培根曾说过:"知识就是力量。"在人类历史发展的长河中,知识始终是推动社会发展的重要力量。知识与劳动有着密切的联系,即劳动创造知识,知识又能指导劳动。"共和国勋章"获得者、"杂交水稻之父"袁隆平就是凭借着不断地学习知识,坚持不懈地将理论知识应用于水稻种植当中,经过多年的努力,终于研发出了杂交水稻育种技术,我们国家的粮食产量也因此大幅度提升,逐步实现粮食自由供给,以世

界 7% 的耕地,养活了世界 1/5 的人口,摆脱了粮食危机。尊重劳动,就是尊重知识,尊重知识,就要学会尊重人。唯有如此,我们才能有正确的劳动观和职业观,真正从劳动中收获幸福。

3. 永葆工作活力,学会尊重创造

如何永葆工作活力是当代劳动者面对的常新课题,创造是永葆工作活力的重要手段。在信息化高度发展的时代,创造性劳动已成为当前居于主导地位的劳动形态,是提高效益的最佳方式,体现的是"做蛋糕",而不是"分蛋糕",将蛋糕做大,最终使所有人受益,从而推动创新型国家的建设。在生产生活中,创造性劳动具有鲜明的新颖性和创造性,能开拓出新的技术手段和方法,以达到质量保障、成本降低、环境保护、提高生产效率的目的。例如 2018 年顺丰集团在世界人工智能大会上发布的新款物流无人机——Manta Ray,它的外观设计灵感来自深海里的"魔鬼鱼"(学名"蝠鲼"),它强有力的"双翅",使物流无人机在调度灵活的同时拥有了更大的载货空间。习近平总书记指出:"一切劳动,无论是体力劳动还是脑力劳动,都值得尊重和鼓励;一切创造,无论是个人创造还是集体创造,也都值得尊重和鼓励。"为此,唯有树立正确的发展观、人才观、事业观,树立尊重劳动、尊重知识、尊重人才、尊重创造的思想观念,优化利益激励机制,激发劳动者的创造热情,才能永葆工作活力。

价值引领

"功崇惟志,业广惟勤",劳动是人的本质力量的确证和自我价值的展现,劳动不分贵贱,任何职业都很光荣。崇尚劳动、热爱劳动、辛勤劳动、诚实劳动的新时代劳动精神,传承了中华优秀传统文化中的劳动观念,并将劳动实践淬炼升华,使之成为中国精

神的时代表征和新时代精神文明建设的重要支点,深刻诠释了当代劳动者对人类文明的伟大创造。实现中华民族伟大复兴的中国梦,要靠各行各业人们的辛勤劳动。

> **案例点评**
>
> ### 有一种青春叫奉献——徐本禹的支教人生
>
> 　　徐本禹,中共党员,于1982年出生在山东聊城一个贫困的农民家庭。1999年,徐本禹考入华中农业大学。上学期间,他端过盘子,扛过书架,做过家教,也受到过许多好心人的帮助。做家教时偶然看到一篇对贵州"岩洞小学"的报道,这改变了徐本禹的人生轨迹。
>
> 　　大三暑假,他和4名志愿者来到当时没有通水、没有通电、没有通路的贵州省毕节市大方县猫场镇狗吊岩村为民小学支教,虽然支教时间不长,返回母校后,他却常常接到来自为民小学的信,孩子们的惦念让徐本禹有一种"被需要"的感觉。2003年7月,徐本禹以高分考上母校的公费研究生,但他一直牵挂着贵州的孩子们。经过再三考虑,他决定放弃读研究生的机会,重返贵州支教。重返贵州后,徐本禹先到为民小学支教一年,接着又来到条件更加艰苦的大水乡大石小学支教一年。狗吊岩村不通公路、没有电,别说电话,寄一封信都要跑18千米崎岖的山路。尽管自己也是苦孩子出身,这里的苦他还是有些难以承受:粗糙的玉米渣和酸菜汤是一天的主食,缺油少盐,难以下咽,时不时还有苍蝇掉进碗里;晚上睡觉时不时有跳蚤和臭虫往身上爬,咬得人浑身是疙瘩,无法入睡。在狗吊岩村,徐本禹一周要上6天课,一天上课时间达到了8小时。徐本禹负责五年级一个班,除了教语文、数学,还要教英语、体育、音乐等。由于信息闭塞,学生不了解外面的任何东西,文化基础差,一篇二百多字的文章出现二十几个错别字是很正常的现象。随着时间的流逝,这所岩洞中的小学在徐本禹的坚持下,获得了前所未有的活力。孩子们可以听懂普通话了,甚至可以用半生不熟的普通话与人交流。来上学的学生也多了起来,开始只有140人,后来超过了250人。最重要的变化是村民对知识重视了。
>
> 　　2004年7月,介绍徐本禹贵州山区支教的帖子《两所乡村小学和一个支教者》出现在网络上,立刻引起社会、媒体强烈关注。这一年,徐本禹作为大学生志愿者的典型,被评为"感动中国"年度人物。十多年来,"本禹志愿服务队"志愿者人数超过45 000名,公益项目涵盖支教、扶贫、环保、关爱特殊群体……志愿服务遍及鄂、黔、滇、闽、冀五省。一届又一届成员接过徐本禹传递的爱心接力棒,将青春挥洒在大山里,为大山里的孩子们插上希望的翅膀。2013年,"本禹志愿服务队"的同学们给习近平总书记写了一封信,汇报了他们开展志愿服务活动的成果及他们的认识体会。同年12月5日,他们收到了总书记的回信。总书记肯定了他们在服务他人、奉献社会中取得的成绩和进步,勉励他们弘扬志愿精神,为实现中华民族伟大复兴的中国梦做出新的更大的贡献。

案例点评：他从繁华的城市走进大山深处，用一个大学生的稚嫩肩膀，扛住了倾颓的教室，扛住了贫穷和孤独，扛起了社会责任。徐本禹在支教志愿服务中奉献了爱心、精益求精的责任心、锲而不舍的恒心。这是一种不求回报的奉献，是一种无私无我的工作态度和勇于承担的个人品质，更是一种高尚的道德情操。学会奉献，去拼、去干、去实现，才会不负青春、不负韶华，让人生绽放光芒。

（资料来源：共产党员网，有改动。）

话题感悟

我国是一个人口大国，垃圾分类处理具有社会、经济、生态等方面的效益。上海是全国首个全面开展生活垃圾分类的城市。国家统计局数据显示，目前上海市垃圾无害化处理率已达 100%，且其中垃圾焚烧无害化处理的比重越来越高。2019 年 5 月底，上海市湿垃圾产能已基本匹配产量，且有多项指标完成度超过了《上海生活垃圾全程分类体系建设行动计划（2018—2020 年）》所定的目标。在垃圾计量收费制度方面，2019 年《上海市生活垃圾管理条例》明确指出上海市按照"谁产生谁付费"的原则，逐步建立计量收费、分类计价的生活垃圾处理收费制度。目前，全国地级及以上城市居民小区垃圾分类覆盖率达到 92.6%，且有 21 个省（自治区）、173 个城市出台了垃圾分类方面的地方性法规、政府规章，但部分小城市市民车窗抛物和乱丢垃圾的现象依然存在，部分人甚至认为："如果大家都不丢垃圾，清洁工不就失业了吗？"你也是这样认为的吗？谈谈你对垃圾分类的看法。

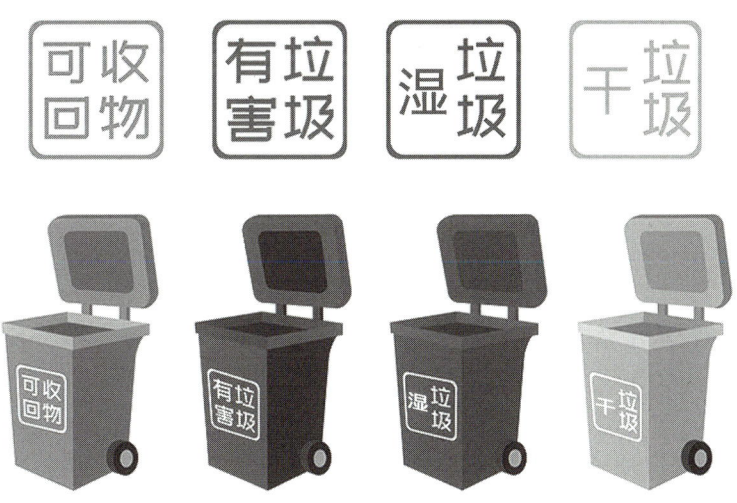

📖 **劳动体验**

自助生态农场，让乡村成为城市"后花园"

　　一犁雨生态农场位于贵州省贵阳市观山湖区翁井村五组(卡子山)，共有30亩可耕地，以25平方米为一个网格进行划分。翁井村村支书苏卫全介绍，一犁雨生态农场项目采取"社会组织＋企业＋农户"模式运作，由中国人民大学贵州校友会进行指导，以中国人民大学部分校友出资成立的"贵州一犁雨生态农业发展有限公司"为经营主体，在翁井村带动农户开展生态农场建设，采取每亩1500元的标准向项目区域农户租赁土地，项目盈利后的20%利润无偿分配给参与项目的农户。同时，符合项目建设需要的劳动力均可以参加项目劳务，按照每人每天100元的标准发放工资。翁井村五组村民李维金是农场的工作人员，他开心地指着其中一块土地告诉记者："我流转了2亩土地，租金每年每亩1500元，已经是翁井村农田租赁的最高标准，再加上每天的工资，手上有了不少余钱，生活有了盼头。"

　　生态农场不是景区景点，也不是私有农庄，而是在不改变乡村性质的前提下，以"村落"为依托、以"农场"为载体、让农户充分参与和受益、集生态与休闲农业为一体的新型田园综合体。生态农场进行网格化管理，不同的网格面积和功能不同，可以进行不同的农作物种植。我们可以通过认购网格(25平方米/格)，开展下田劳作活动，让孩子们参与到动手开展耕地、播种、浇水、施肥到最终收获果实的全过程中，让孩子们通过自己的劳动懂得食物的珍贵、劳动的伟大。

　　(资料来源：贵阳网，有改动。)

模块二　培育积极的劳动精神

劳模风采

申纪兰：劳动是信仰，劳动最光荣

申纪兰，第一届至第十三届全国人大代表、"共和国勋章"获得者、著名全国劳模。这位一辈子上山种地的老人，这位一生为小康奔忙的老人，无论时代如何变迁，她都坚守劳动信仰，以辛勤的劳动实现人生价值，获得了巨大的荣誉，得到了全社会的尊重。她在太行山上树起了一座丰碑，用一生的勤劳证明：劳动最光荣。她本人也像太行山上的松柏，人们会永远记住她。

学习目标

1. 了解劳动精神、工匠精神、劳模精神的基本内涵，厘清三者之间的关系。
2. 掌握劳动精神、工匠精神、劳模精神的具体行动指南及要点。
3. 树立热爱劳动、艰苦奋斗、精益求精、勇于创新、甘于奉献的劳动观念。

问题发现

以前提到"中国制造"这四个字，大家脑海里浮现的都是廉价、品质差等字眼。随着新一代信息技术、生物医药、新能源汽车等高精尖产业在中国的蓬勃发展，世界许多国家都重新认识了"中国制造"。向国外输出成功的"老干妈"调味品，在中国市场的零售价仅为十几元人民币，在美国居然是售价为十几美元的"高档奢侈品"。目前，我国的两类商品在国外出现了供不应求的现象：一类是家电，另一类是我们耳熟能详的华为等品牌的国产手机。历史经验告诉我们，只有爱岗敬业、培育积极的劳动职业精神、精益求精，我们的产品才可能最终赢得大众的信赖。只有将敬业、精益、专注、创新的"工匠精神"融入生产、设计、经营的每一个环节，实现由"重量"到"重质"的突破，"中国制造"才能赢得未来。实现我国制造业的转型升级，将更多的"中国制造"变为"中国创造"，还有很长一段路要走。

认知劳动
精神

项目一　认知劳动精神

核心内涵

　　劳动精神是每一位劳动者为创造美好生活而在劳动过程中秉持的劳动态度、劳动理念及其展现出的劳动风貌。劳动精神在理念认知上表现为全社会尊重劳动、崇尚劳动、热爱劳动;在行为实践上表现为劳动者辛勤劳动、诚实劳动、创造性劳动。人世间的美好梦想,只有通过诚实劳动才能实现;发展中的各种难题,只有通过诚实劳动才能破解;生命里的一切辉煌,只有通过诚实劳动才能铸就。

行动指南

1. 从小养成劳动习惯

　　中华民族有热爱劳动、尊崇劳动、勤奋劳动的优良传统。我国自古以来就非常重视对孩子的劳动教育,《弟子规》的"不力行,但学文,长浮华,成何人",陆游的"纸上得来终觉浅,绝知此事要躬行",王阳明的"知行合一"等,强调的都是理论教育要与劳动实践相结合。国内外大量的调查研究证明,一个人在童年养成良好的劳动习惯,长大后可能更具有责任心,也更容易适应家庭生活和职场工作的需要,不爱劳动的人恰恰相反,他们

更有可能成为生活与职场的失败者。哈佛大学的学者们在进行了长达二十多年的跟踪研究之后,得出了一个结论:爱干家务的孩子与不爱干家务的孩子的失业率的比例为1∶15,犯罪率为1∶10;离婚率与心理患病率也有显著差别。另有专家指出,在孩子的成长过程中,家务劳动与孩子的动作技能、认知能力的发展以及责任感的培养有着密不可分的关系。可以看出,参加劳动不仅是让孩子为父母分担家务的"权宜"之计,更重要的是它关系到孩子今后的就业成才和生活幸福。大力提倡劳动教育,就是要让青少年在动手实践、出力流汗中播撒崇尚劳动的种子,在接受锻炼、磨炼意志中涵养艰苦奋斗的精神,真正理解"人间万事出艰辛"。这样才能避免培养出仅能夸夸其谈、纸上谈兵的孩子。让孩子们具备生活能力、动手能力,以及吃苦耐劳、艰苦奋斗的精神,才能顺利实现新时代教育立德树人的总目标。

2. 爱岗敬业,诚实劳动

　　经济学家威廉·配第说:"劳动是财富之父,大地是财富之母。"孟子说:"诚者,天之道也;思诚者,人之道也。"天道之诚,如日升月沉,如春华秋实,一丝不苟地遵循着大自

然的规律；人道之诚，如凤兴夜寐，如上班下班，如春种秋收，自觉效仿天道，决不违背约定俗成的礼法规则。做一个诚实的劳动者，顺乎天道，合乎圣言。著名画家梵高的油画《吃马铃薯的人》，描绘了一个农家晚上在昏暗的灯光下吃马铃薯的景象。画家自己说："我想传达的观点是，借着一个油灯的光线，吃马铃薯的人用他们同一双在土地上工作

的手从盘子里抓起马铃薯，他们诚实地自食其力。"这是对劳动最淳朴最直观的赞美。从"两弹一星"到"嫦娥"探月，从第一艘潜艇到"蛟龙"入海，从杂交水稻到基因芯片，从第一代计算机"银河"到今天的互联网大数据，仅仅 70 多年的时间里，中国不断取得突破，逐步走向富强，这是无数劳动者爱岗敬业、辛勤

劳动的成果。劳动满足了人们对温饱的需求，劳动提升了生活品质，劳动缔造了人类的幸福。如果没有"干一行爱一行"的精神，那么你就很难干好工作，很难做到爱岗敬业。只有具备良好态度的人，才会把工作中的每一件小事做好。我们应尽自己所能爱岗敬业，在平凡的岗位上做出力所能及的贡献。要充分认识到"爱岗"的价值在于"做事"；"敬业"的意义在于"奉献"。不必抱怨生活，也无须埋怨社会。爱岗敬业，才是一种明智的人生选择和追求。

3. 实干与创造并重

实现从"中国制造"向"中国创造"的跨越，归根结底要靠高素质的劳动者大军。我们在倡导辛勤劳动、诚实劳动的同时，也要强调创造性劳动。美好生活需要靠劳动去创

解读中国
制造

造。"新质生产力"已经成为推动高质量发展的关键词，在新时代的历史坐标上，社会及科技的发展日新月异，智能化、电子化、机械化、高科技化成为时代的鲜明特征，相应地，劳动形态也发生了巨大变化。劳动者不仅要爱劳动、会劳动，而且要结合劳动新形态、产业新样态，懂技术、会创新。要树立终身学习的理念，掀起学习技能的热潮，形成人才辈出、人尽其才、才尽其用的生动局面，为实施创新驱动发展战略注入不竭动力。新时代的青年需要通过创新科技、创新方法、创新思路等实现高效、节能、环保、利民等价值目标，通过创新劳动创造财富、创造辉煌，才能够跟上、引领新时代飞速前进的步伐，立足岗位做好本职工作，用诚实的劳动书写自己人生的精彩，展现人生的价值。

价值引领

    劳动是一种价值,是光荣的事。劳动光荣是我们所有人都要树立的观念。把一件小事做到极致,把单调、枯燥的工作干得出色、干出成就,同样了不起。习近平总书记指出,"要牢牢把握高质量发展这个首要任务,因地制宜发展新质生产力。"更高素质的劳动者是加快发展新质生产力的第一要素。作为青年人,我们要不断学习新知识、新技术,提升自己的专业素养,勇于实践和创新,要与时俱进地选择符合自己人生目标(物质或精神)的劳动路径,特别要做好为理想豁出去的准备。无数的劳动者都在用平凡而伟大的劳动创造着属于自己的小幸福,逐步实现自己的人生理想。

项目二 培育工匠精神

培育工匠
精神

核心内涵

    "工匠精神"的基本内涵包括敬业、精益、专注、创新等,它代表的是一丝不苟、精益求精的工作态度和孜孜不倦、精雕细琢的职业精神。工匠精神主要表现为"口传心授"的师道精神、产品制造过程中的制造精神、智慧与灵感结合的创造创业精神、知行合一的实践精神等。"工匠精神"作为一种职业精神,在本质上同社会主义核心价值观特别是其中的"敬业""诚信"要求高度契合。工匠精神可以适用于任何领域,在物质文明的创造过程中可以发挥强大的精神动力及智力支持作用。

行动指南

什么是
工匠精神

1. 尊重工匠,崇尚"工匠精神"

    "工匠精神"是中华民族传承千年的精神瑰宝,自古以来,中国工匠们以炉火纯青、登峰造极的技艺,见证着平凡中的崇高,谱写了人生辉煌的乐章。古代工匠蔡伦,

凭借对造纸技术的执着探索与创新,反复试验改进,最终使纸张得以广泛应用,极大地推动了文化的传播与传承,开启了人类书写载体的新纪元。在现代,"大国工匠"胡双钱,坚守飞机制造岗位三十多年。面对航空零件加工的高精度要求,他凭借手工打造出无数个精密部件,用精湛技艺确保飞机翱翔蓝天的安全。从蔡伦到胡双钱,跨越时

空的工匠们,皆以对技艺的热爱和精益求精的态度,诠释着"工匠精神"的深刻内涵。这种精神激励着当代人在各个领域追求卓越,为实现中华民族伟大复兴的中国梦凝聚强大力量。

2. 传承和发扬工匠精神

高尚的职业操守和强烈的"工匠精神",同拥有较高专业知识技能一样,是我们自身立足职场的重要条件和在未来职业生涯中脱颖而出的制胜法宝。近年来,"工匠精神"渐渐在各行业形成共鸣,在全社会汇成共识。"工匠精神"被首次写入《政府工作报告》,使我们振奋,《大国工匠》《我在故宫修文物》等纪录片"意外走红"使我们感动,国人在海外排队抢购奶粉、马桶盖使我们反思。《我在故宫修文

物》热播后,王津被网友誉为"故宫男神"。这位儒雅睿智的老师傅是故宫文物修复组的钟表修复师,16 岁"入宫",在故宫 40 多年间,修复好了数百件复杂钟表藏品,目前故宫钟表展览馆约 1/3 的钟表都是经他的手一点一点慢慢修复好的。择一事,"钟"一生,王津用 40 多年的岁月,坚持做一件事——修复钟表,传承技艺。王津在多个演讲中这样概括自己的职业生涯:"工艺繁复的钟表,钟爱一生的职业,同时,用坚持、匠心和技艺与时光抗衡。"在当今社会,只有把工匠精神发挥得淋漓尽致,才能拥有竞争优势。作为职场人,传承和发扬工匠精神不仅是生存和发展的需要,更是生活精彩、人生出彩的宿命所归。

3. 将工匠精神融入中国制造

我们中国是著名的"世界工厂",贴着"MADE IN CHINA(中国制造)"标签的产品在世界随处可见,大到汽车、电器制造,小到制笔、制鞋,国内许多产业的规模居于世界前列,但其中依然缺少真正由中国创造的产品。在许多业内人士看来,我国制造业大而不强,产品质量整体不高,背后的重要根源之一就是缺乏具备"工匠精神"的高技能人才。智能化的自动机械也许能带来更高的生产效率,却永远无法替代工匠那灵巧的双手,不能给产品注入别具一格的匠心。它也许能够代替工匠完成重复的体力劳动,实现标准化生产,却不能代替工匠们进行思考与创新。工匠精神是中国制造前行的精神源泉。

目前,中国制造业转型发展的关键是培养对产品和服务追求完美的匠人,用"工匠精神"生产工匠产品、打造中国品牌,助推经济转型和产业升级。"工匠精神",是一种心无旁骛、坚如磐石、锲而不舍的人生追求和精神品格。坚守平凡岗位,以一丝不苟、精益求精的工作态度铸造工匠精神,有助于激发广大劳动者的劳动热情,有助于劳动者实现人生梦想、展现人生价值。工匠精神对推动我国由制造业大国向制造业强国跃升、"中国制造"向"中国创造"转变,真正实现中华民族的伟大复兴,都具有

重要的现实意义。

价值引领

习近平总书记提出,"推动中国制造向中国创造转变、中国速度向中国质量转变、中国产品向中国品牌转变",这是适应经济发展新常态的根本出路所在。"工匠精神"是工业文化的一种重要表现。在从"制造大国"走向"制造强国"的进程中,更需要弘扬精业与敬业的工匠精神。我国正处在从工业大国向工业强国迈进的关键时期,急需培育和弘扬严谨认真、专业专注、追求完美的工匠精神。"工匠精神"是工匠们在长期职业实践过程中养成的良好职业素养、彰显的独特职业品质,这种素养品质是职业精神的萃取,是优秀文化的凝练。培养大学生的"工匠精神",核心维度应落实在怀匠心、铸匠魂、守匠情、践匠行上,这是引领职业教育人才培养方向的新共识、新规范、新目标。

学习劳模精神

项目三　学习劳模精神

核心内涵

劳动模范是优秀劳动者的典型代表,劳模所体现出来的人文精神,代表着一个时代的价值观、道德观和精神风貌。"劳模精神"具体是指"爱岗敬业、争创一流、艰苦奋斗、

勇于创新、淡泊名利、甘于奉献"的劳动模范的精神。数以万计的劳动模范用智慧和汗水,为祖国创造了巨大的物质财富和精神财富,更为我们树立了榜样。时代在变迁,劳动的内涵在更新,劳模的标准在"进阶",但无论时代如何变迁,永远不变的是劳模精神的本质。

行动指南

1. 深刻认识劳模精神是我国优秀传统劳动文化的时代结晶

劳模精神始终是一个国家和民族不断开拓进取的精神动力。我国传统文化一向推崇对劳动实践的认同、对劳动精神的传承、对劳动文化的传播。早在远古时代,钻木取火、神农氏教民稼穑、大禹治水的劳动故事就广为流传。现今,尊重劳模的社会氛围也日渐浓厚。2019年秋季学期起,"劳模精神"被写入了北京、天津、辽宁、上海、山东、海南等省市普通高中使用的思想政治、语文、历史新教材,王进喜、张秉贵、袁隆平、屠呦呦等全国劳模通过课本——与学生"见面"。2020年3月,中共中央、国务院印发《关于全面加强新时代大中小学劳动教育的意见》,要求"职业院校以实习实训课为主要载体开展劳动教育,其中劳动精神、劳模精神、工匠精神专题教育不少于16学时"。劳动模范无论是工作业绩,还是思想境界,都引领着时代风气。他们才是当今时代当之无愧的明星,值得我们去歌颂和崇拜。

2. 充分理解劳模精神引领新时代

劳动模范身上体现的"爱岗敬业、争创一流,艰苦奋斗、勇于创新,淡泊名利、甘于奉献"的劳模精神,是伟大时代精神的生动体现。他们是创业者,是实干家。他们最大限度地展现了劳动的荣光与价值。洪家光是中国航发沈阳黎明航空发动机(集团)有限责任公司首席技能专家,谈起1998年从技校毕业以及走上工作岗位时的心路历程,洪家光说:"每天与零件打交道,同样的动作做几千遍,我也曾迷茫过。但我渐渐想明白了,没有平凡的岗位,每一个岗位都有自己的价值,我要尽自己最大的努力,加工好每一个零件。"洪家光曾先后荣获中国青年五四奖章、全国五一劳动奖章、全国创新争先奖、全国劳动模范等荣誉称号。叶片是航空发动机重要的组成部件,不仅要承受高温和高压,还须承受上万转速带来的巨大离心力作用,一旦叶片出现瑕疵,就可能导致飞机出现不可挽回的后果,然而叶片的加工技术一直是中国的短板。被称为"拼命三郎""工作疯子"的洪家光带

领团队,经过几年时间、上千次尝试,研发出一套成熟的航空发动机叶片滚轮精密磨削技术,为此后的数控化制造和批量生产打下基础。"拼搏到无能为力,努力到感动自己。"这是洪家光社交媒体的个性签名,也是他实现200多项技术革新,解决300多个技术难题的精神"密码"。进入新时代,人民群众对美好生活的需要日益增长,从吃得饱到吃得健康,从穿得暖到穿得讲究,从安居乐业到天蓝、地绿、水净……无数个不断生长的梦想与时代偕行。在新时代,应充分发挥劳动模范和工匠人才的示范带动和价值引领作用,培养造就更多劳动模范、大国工匠,努力打造一支有理想、守信念、懂技术、会创新、敢担当、讲奉献的宏大的产业工人队伍。以先进思想和模范行动奏响"中国梦、劳动美"的时代主旋律,用劳模优秀品质引领社会风尚。

3. 强化责任意识、敢于担当

一切劳动者,只要肯学肯干肯钻研,练就一身真本领,掌握一手好技术,就能立足岗位成长成才,就能在劳动中发现广阔的天地,就能在劳动中体现价值、展现风采。强化责任、敢于担当,关键是树立主动负责的思想。立足本职岗位、发挥先锋引领作用,须始终坚持精益求精、创先争优的工作态度,用一流的道德素养、业务技能和工作业绩发挥先锋引领作用。在改革开放历史新时期,"蓝领专家"孔祥瑞、"金牌工人"窦铁成、"新时期铁人"王启民、"新时代雷锋"徐虎、"知识工人"邓建军、"马班邮路信使"王顺友、"白衣圣人"吴登云、"中国航空发动机之父"吴大观等一大批劳动模范和先进工作者,干一行、爱一行,专一行、精一行,带动群众锐意进取、积极投身改革开放和社会主义现代化建

设,为国家和人民建立了杰出功勋。

新时代的
劳模精神

价值引领

习近平总书记指出:"劳动模范是共和国的功臣,要大力弘扬劳模精神。"劳模精神、劳动精神、工匠精神是中华民族几千年来的优良传统,是我们国家从 1949 年新中国成立时的"一穷二白"到"世界第二大经济体"跨越的强大武器,是中华民族实现从站起来、富起来到强起来的伟大飞跃的重要密钥,是我们战胜困难、走向胜利的强大精神动力。站在"十四五"规划的新征程上,我们更要弘扬践行好劳模精神,激发出劳模精神的强大内生动力。

📋 案例点评

用一条腿追逐梦想——90 后新农人回乡创业

刘欢欢是江苏徐州铜山区棠张镇新庄村人,肢体三级残疾人,2015 年毕业于江苏大学管理学院,如今是徐州琅溪农业科技有限公司的负责人,一名在农村逐梦的新农民,从事珍贵食用菌——羊肚菌的研究、生产和销售。

1995 年的一次意外让刘欢欢失去了一条腿。据刘欢欢回忆:当时他还不满五岁,与小伙伴们下到小河里去捉螃蟹,而那时一台水稻灌溉设备正从河里抽水进行灌溉作业。意外发生时,他半个身子已经被机器吸进去了,两只手撑着大抽水泵的边缘,已奄奄一息。在乡亲们的帮助下,经过治疗,他勉强捡回了一条命,乡亲们的善举也在他心里种下了报恩的种子。

2011 年,勤奋好学的刘欢欢考上大学。毕业后,他来到上海从事互联网信息服务工作,踏实肯干的他一年半后就升任客户服务部门主管,月薪上万元,公司还提供食宿。然而刘欢欢的心里始终牵挂着村里的乡亲们,2017 年,刘欢欢辞职离开上海回到家乡,选择从事农业生产。刘欢欢的做法遭到了父母的反对,他们认为儿子抛下城市的稳定工作回乡务农不可思议,父亲更是一度拒绝刘欢欢进入家门,以此期望打消他回乡创业的念头。但经过深思熟虑的刘欢欢没有轻言放弃,他告诉父母:"我经历了这么多的苦难,没有对曾经帮助过我的乡亲有所回馈,我是愧疚的,我应该用我余下的生命去'折腾'一下,哪怕说能够影响三五个人,而不是只为我一个人而活。"刘欢欢的一腔报恩之情打动了父母,他们终于同意让他先试一试。刘欢欢在调查当地农业生产情况后,决定不走蔬菜种植的老路,而是为新庄村开拓一个新的种植产业——羊肚菌。当刘欢欢返回村里打算种植羊肚菌的消息传开后,村民们又一次伸出了援助之手,帮助他建大棚、铺设各种设施,刘欢欢很快完成了羊肚菌的试种。为了扩大羊肚菌种植的示范效应,刘欢欢决定把羊肚菌大棚面积扩大到 20 亩,而这次他却遭遇了沉重的打击。当时整个棚子出菇量非常少,刘欢欢一下子赔进去 7 万多元。这一次的亏损使他无力再种植羊肚菌,有村民再次伸出了援手,主动提出免费提供自己的桑蚕大棚给他种植羊肚菌,种植大户张传敏不仅传授了自己的核心技术,更是主动提出担任刘欢欢的技术顾问。终于,刘欢欢的羊肚菌种植步入正轨。

经过两年的艰辛努力,先后投入20多万元,从育种到产出,他终于探索出一个适合徐州本地的羊肚菌种植方法,并首创了"羊肚菌十桑蚕"轮作、"羊肚菌十大蒜"套种方式,通过农业产业化联合体合作模式,向农户提供免费技术支持和保底收购,带动3 000多农户致富,种植面积超过3 000亩,每亩效益5万余元,实现人均年增收入近2万元。公司被确立为徐州市"三乡工程"示范基地和羊肚菌培育示范基地,个人被授予"江苏省五一创新能手""江苏好青年""徐州好人""徐州十佳职业农民"等多项荣誉称号。

案例点评:别人都想脱离农村,在城市中成家立业打拼出一片新天地,他却放弃在城市稳定、前景良好的工作,毅然回到农村,追寻农业创业的梦想,在生他养他的故土上,干自己的事业,为家乡农业农村发展贡献一份力量。有志者事竟成,他的努力得到了社会认可。刘欢欢不仅把事业打拼得有模有样,还带着本村的群众一起脱贫致富奔小康。一切劳动者,只要有梦想、敢于追求,只要肯学肯干肯钻研,练就一身真本领,掌握一手好技术,就能立足岗位成长成才,在劳动中发现广阔的天地,在劳动中体现价值、展现风采。

(资料来源:央视网,有改动。)

话题感悟

发展新质生产力,需要更多的高素质劳动者,新质生产力对于工作岗位的"创造性破坏"作用将比传统生产力更加明显。只有培养高素质劳动者队伍,才能为发展新质生产力厚植基础。在这种机遇与挑战并存的格局下,请同学们思考讨论,发展新质生产力需要什么样的新型劳动者?

🖳 劳动体验

工作不分高低,行行出状元

凭借一手"绝活",90后快递小哥李庆恒被评定为杭州市高层次人才,并获得杭州市一百万元购房补贴,引发了社会关注。到2024年,李庆恒从事快递分拣员工作已有9年多的时间。每天晚上是他最忙碌的时候,因为分拣员要把收来的快递赶在清晨前分好,公司才能以最快的速度发送出去。熟能生巧,李庆恒练就了一个本事:无论快件上标的是城市、区号、邮编还是航空代码,他都能准确无误地进行分拣。看到李庆恒有这个绝活,公司开始派他参加各种技能比赛。李庆恒也不负众望,拿了不少奖。2019年8月,李庆恒再次被公司选为"浙江省第三届快递职业技能竞赛"的参赛者。功夫不负有心人,李庆恒最终拿到了"浙江省第三届快递职业技能竞赛"的第一名,浙江省人社厅给他颁发了省级"技术能手"的奖状。他凭借这个奖评上了杭州市高层次 D 类人才。按照杭州市高层次人才政策,评上 D 类高层次人才,不仅可以优先摇号选房,还可以领取 100 万元的购房补贴、3 万元车牌补贴,并享受"杭州人才码"5 大类、27 小类等百余项服务。能被认定为杭州高层次人才,也让李庆恒对这座城市有了新的认识,让他感受到了人人平等。后来,他又考入了浙江工商大学继续深造,目标是成为快递网络高级工程师。不断提升自我的同时,他还加入了恩师的工作室,这几年陆续带出了 30 多个徒弟,为快递行业不断输送人才。网友们纷纷称赞:工作不分高低,真是行行出状元!

模块三 掌握基本的劳动知识与能力

劳模风采

高凤林:追求极致,拒绝浮躁

高凤林,高级技师,被称为焊接火箭"心脏"的人,全国劳动模范,全国五一劳动奖章获得者,全国国防科技工业系统劳动模范,全国道德模范,全国技术能手。工作几十年间,高凤林解决了航天焊接中的200多个难题。2014年,他带着3项研究成果参加了德国纽伦堡国际发明展,并且都获得了金奖。很多外国企业纷纷以丰厚的待遇向他抛出了橄榄枝,高凤林却拒绝了外企高于国内8倍的年薪,表示留在祖国才会创造出更大的价值。高凤林一直坚守着自己的信念,坚守着内心的精神追求,不断地进步与成长。高凤林说,岗位不同,作用不同,仅此而已,只要心中装着国家,什么岗位都光荣,有台前就有幕后。

学习目标

1. 了解日常生活劳动、生产劳动、服务性劳动的基本知识。
2. 领会日常生活劳动、生产劳动、服务性劳动的目的及意义。
3. 掌握日常生活劳动、生产劳动、服务性劳动的工具使用方法。

问题发现

随着社会的发展和生活条件的日益改善,烦琐的劳动逐渐被智能机器取代,不论是日常生活劳动、生产劳动还是服务性劳动,只需要人为操作几个按钮,就可以轻松完成。然而,智能化和机械化就如同一把"双刃剑",在带来便利生活的同时,也在一定程度上造成人们劳动观念的淡化。如今,越来越多的孩子不参与劳动,甚至不参与简单的家务劳动,对生产劳动和服务性劳动的基本知识和技能掌握就更为欠缺。因此,加强对于广大青少年的劳动教育,培养其劳动知识和技能已是当务之急。

项目一   日常生活劳动

核心内涵

日常生活劳动在广义上是指人们为了生存和发展而进行的各种劳动,狭义上则主要是指为满足家庭生活中的衣食住行而付出的脑力和体力劳动。日常生活劳动注重在个人生活中强化劳动自立意识,体验持家之道,促进健康发展,适应社会生活。由于日常生活劳动涵盖面广,关乎日常生活的方方面面,经常从事日常生活劳动,能够全面提升生活品质,养成良好生活习惯;能够培养分析归纳的能力,探索解决问题的最优方式;能够加强沟通、交流与合作,促成良好人际关系;能够感知辛苦、学会体谅,从而愿意付出、乐于付出。总之,日常生活劳动有利于帮助个人实现自我认知、优化性格秉性、培养责任意识、坚定理想信念。

日常生活
劳动

行动指南

1. 正确认知日常劳动

日常劳动是人们在生活中的一种良好的习惯,是值得传承的优良作风,由于对日常劳动的认知片面,当下的青少年越来越缺乏这种优良的习惯作风。似乎一提到"劳动"

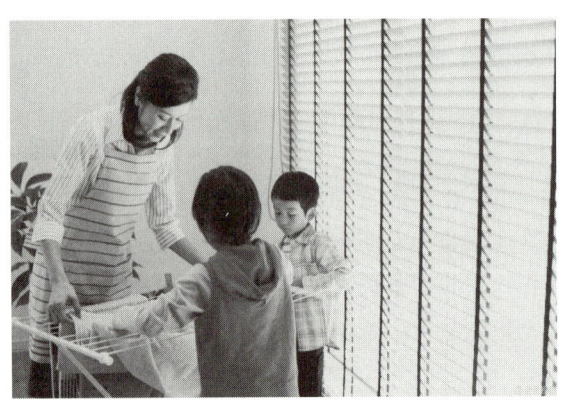

二字就意味着要扛着锄头去田地干活,或者戴着安全帽到工地搬砖,将"劳动"与"体力劳动"简单地画等号。随着我国居民生活水平大幅度提升,消费文化、享乐主义等不良社会风气抬头。新时代的大学生应改正这种片面认识,明白劳动没有高低贵贱之分,所有劳动形式都应该得到认同、所有劳动成果都应该得到珍惜、所有劳动者都应该得到尊重。在劳动实践中,不管是扫地、洗衣还是擦桌子、做饭,只有拥有正确的劳动认知,才会对劳动投入热情,享受劳动带来的快乐体验。让我们从身边的小事做起,养成良好的日常劳动习惯,做新时代的优秀接班人。

2. 自觉承担劳动责任

一方面,现在大学生中独生子女居多,普遍是在家长的呵护和溺爱中长大,享受着日益优越的物质条件,在家里难有劳动机会,渐渐养成了养尊处优、娇生惯养的不良习性。劳动意识和劳动观念薄弱,劳动习惯亟待着重培养。另一方面,2000 年迈入老龄化社会之后,我国人口老龄化的程度持续加深。截至 2024 年,中国 65 岁以上人口占到总人口的 15.6% 左右,表明社会已进入中度老龄化阶段。面对人口老龄化的社会背景,当代大学生应该肩负起家中的劳动责任,力所能及地为家庭、学校和社会贡献自己的劳动力量。例如:参与家中洗衣做饭、扫地拖地、整理内务等劳动事务,自觉维护学校教室、寝室的卫生内务等劳动工作,提升集体荣誉感。

3. 熟练使用日常劳动工具,积极参与日常劳动实践

劳动是创造的基础,是中华民族的优良传统,对立德树人、促进学生全面发展也具有不可替代的作用。在日常生活中,劳动实践常常因为琐碎而被人忽视,早在古代就出现过"一屋不扫,何以扫天下"的故事。当代大学生可以用以下几种方式来参与日常劳动实践:通过整理内务、做好家务劳动、做好校内清洁来养成日常劳动习惯;通过参加植树节、环境保护等社会实践活动来提高劳动素养;参加职业技能周等团学活动,积极动手,锻炼劳动技能。

在日常劳动实践中,应熟练使用用于清除日常生活中灰尘、污垢、渣滓的劳动工具。比如扫帚、拖把、抹布、刷子、水桶、水盆、垃圾桶、纸箱、吸尘器、清洁剂等。随着社会经济的发展,日常生活中的清洁工具正在不断地更新换代,实用性进一步加强。

除此以外,还应掌握日常生活中厨具类劳动工具的使用方法。中国人的饮食习惯所需要的烹饪方式涉及煎、炒、烹、炸等,不同菜系有着千差万别的烹调方式,不同的烹调方式需要不同的烹饪锅具,包括平底锅、汤锅、炖锅,以及炒锅、砂锅、电饭煲等。

此外,各类勺子、铲子、叉子等工具,也是处理和烹饪各类食材所需要的,它们看似功能简单,却能在烹饪过程中起到事半功倍的作用。

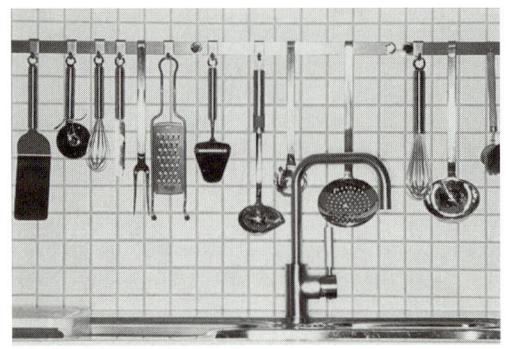

此外,部分家庭追求对自然和美的享受,会在自家阳台或者庭院培植绿植和花卉,因此,需要用到浇水壶、小铁铲、小锄头等种植类工具,定期对绿植和花卉进行培育和护理。

价值引领

大学生作为未来国家建设和发展的中坚力量,其人生理想和价值的实现与中国梦紧密相连,而劳动实践是提升大学生综合素质、促进身心健康发展和磨炼意志品质的重要内容。当代大学生应该从日常劳动做起,在学习掌握日常劳动知识和技能的前提下,尽可能多参与日常劳动实践,从而通过丰富的劳动实践活动加强与社会的积极互动,提升劳动实践水平和劳动创造能力,培养积极、主动的劳动态度和开拓创新的劳动意识,为未来走进社会打下坚实基础。

项目二　生　产　劳　动

核心内涵

生产劳动是满足社会生产和人民生活需要的社会劳动,是人类社会存在和发展的基础。当代社会的生产劳动范畴,从内容上说是由生产物质产品的劳动和提供劳务的劳动构成,从形式上说是由为满足生产部门所需的产品与劳务和为满足生活所需的产品与劳务构成,具体包含第一产业、第二产业和第三产业的劳动。劳动知识和技能是各行各业的岗位对劳动者素质方面的要求,劳动工具是从事生产劳动过程中不可缺少的劳动资料。新时代的大学生应努力学习有关生产劳动的专业理论知识,掌握新的劳动技能,增长新的本领,提高自身综合素质,从而将自己培养成新时代知识型、技能型、创新型的劳动大军的一员。

生产劳动与
非生产劳动

行动指南

1. 努力学习理论知识,优化专业知识体系

改革开放以来,伴随着新型经济增长方式产生的新产业、新职业、新工种、新技术、

新材料、新设备、新工艺层出不穷。在此情况
下,劳动力供给与市场需求不匹配已成为中国
劳动力市场的突出问题。加大专业理论知识学
习、丰富劳动知识储备量是解决劳动力供给与
市场需求不匹配问题的有效途径。例如,在农
业生产中,我们不仅要学习传承了几千年的农
耕规律,了解地域、季节、光照等自然因素对农
作物的影响,更要紧跟时代的变化,与时俱进,
学习机械化在农业中的应用,学习机械化喷洒
农药、机械化耕田除草原理和相关理论知识;近
年来在工业领域,工业制造企业的创新能力、产
品更迭换代进入了崭新的阶段,新能源车辆、工
业机器人、工业控制、精密制造与装配、机电一
体化、柴油机装试与检测等产业布局对接专业
设置,生产技术对接课程教学,真正实现了"产"
"教"融合。

2. 广泛参与生产劳动实践,提升专业技能水平

我国劳动力资源总量虽然丰富,但生产一线的技术工人整体素质并不高,高级技
工短缺,技术工人结构呈典型的金字塔形。其原因一方面是随着改革开放不断深入,
我国产业经济发生了"更新换代"的革命性转变,高技能人才严重供不应求;另一方面
是由高校的人才培养模式滞后于经济发展等多种因素导致的。缺乏专业劳动技能人
才对我国经济发展的制约已呈现出"木桶短板效应"的现象。为此,政府提出完善职
业教育和培训体系、建设新时期产业工人队伍、提高技术工人待遇、实施国家职业教育
改革等一系列战略性措施,特别是实施职业技能提升行动、大规模开展职业技能培训,
促使技能人才数量迅速增加和存量技能人才职业技能提升,建设一支新时代技能型产
业工人队伍。与此同时,劳动者要学好扎实的理论基础,做好关键知识的储备,这对职
业能力起决定性作用。

3. 充分认识并优化生产劳动工具,发展先进生产力

生产工具的内容和形式是随着经济和科学技术的发展而不断发展变化的。早期的
生产工具(石木工具、金属工具等)是劳动者依靠自身的体力,用手操纵的;后来出现了
新的生产工具——机器,早期的机器包括工具机、动力机和传动装置三个部分,这些部
分相互配合、协同工作,已形成了复杂的体系;现代的自动化机器体系,又增加了以电子
计算机为核心的自控装置。现代劳动工具逐渐向机械化、大型化、智能化发展,智能制
造已成为全球制造业发展的新趋势,智能设备和生产手段在未来必将广泛代替传统的
生产方式。人工智能是目前全球最受互联网业界和市场关注的新技术及应用。全球主
要互联网企业均在向人工智能方向转型。中国互联网络信息中心(CNNIC)发布的数

据显示,目前,我国已经初步构建了较为全面的人工智能产业体系,相关企业超过 4 500 家,核心产业规模已接近 6 000 亿元人民币,产业链覆盖芯片、算法、数据、平台、应用等上下游关键环节。但总体来看,我国制造业发展仍然以简单扩大再生产为主。著名企业家、教育家聂圣哲曾呼吁:"'中国制造'是世界给予中国的最好礼物,要珍惜这个练兵的机会,决不能轻易丢失。'中国制造'熟能生巧了,就可以过渡到'中国精造'。'中国精造'稳定了,不怕没有'中国创造'。"当代大学生应立足专业背景,熟练掌握数字技能及先进生产劳动工具的使用,争做发展先进生产力的排头兵。

价值引领

生产劳动是人类幸福生活的源泉,劳动是神圣的,也是伟大的,劳动者用勤劳的双手和智慧编织了这个五彩斑斓的世界,也创造了人类文明。劳动者的知识、能力是决定生产劳动效率的重要因素,生产劳动工具则是生产力发展水平的重要标志。在劳动教育实践中,大学生不但要牢固树立积极努力劳动的观念,而且要强化专业理论知识的学习和岗位实践技能的训练,全面挖掘、提升劳动能力、潜力,努力成长为知识型、技能型、创新型劳动者,在丰富的劳动实践中,展开美好生活画卷,实现美好生活愿景。

项 目 三　服 务 性 劳 动

核心内涵

服务性劳动

如果说科学劳动是推动社会生产力迅速发展的"发动机",管理劳动是提高劳动效率的"推动器",那么服务性劳动已经成为社会经济持续发展的"保障器"。服务性劳动是指在从事服务生产和经营活动过程中,劳动者运用特定的设备和工具,直接满足消费者对服务产品的需要的劳动。服务性劳动的特点是,劳动者以其创造的效用直接满足消费者的需要。现代服务性劳动包括:①生产性服务劳动。如运输、维修、仓储、通信、咨询等,即主要为第一、第二产业服务的组织和活动。②生活消费性服务劳动。如餐饮、旅游、影视、文娱等。③经济性服务劳动。如商业、金融业等。④社会性服务劳动。

如文化教育、医疗卫生、科学研究、技术开发与应用,特别是正在蓬勃兴起的信息、网络服务等。⑤公共服务劳动。如基础设施、城市供水、供电、供气等。⑥政府提供的交易性的环保、生态以及有关政府工作等服务性劳动。

对大学生而言,服务性劳动主要涵盖志愿服务劳动、社会公益劳动、创新创业劳动。

（1）志愿服务劳动。指在不求回报的情况下,为改善社会环境、促进社会进步而自愿付出个人的时间及精力所做出的服务工作。主要包括:扶贫开发、社区建设、环境保护、大型赛会、应急救助、海外服务等。

（2）社会公益劳动。指直接服务于公益事业、不取报酬的劳动。社会公益劳动的目的在于培养学生为人民服务、为公众谋利益的良好思想品德;推动学生接触社会,深入生活,参加各种社会实践,形成良好的社会风尚。其内容包括工农业生产劳动和各种服务性劳动,如参加植树造林、打扫卫生、帮助烈军属和残疾人等。以不影响学习为前提,从实际情况出发,明确劳动意义,开展自己力所能及的劳动,以学校、班级、小组或团队为单位进行,也可个人单独进行。

（3）创新创业劳动。指创造性的劳动,即通过人的脑力劳动萌发出的技术、知识、思维的革新,从而提升劳动效率、产出超值社会财富或成果的劳动。内容包括创新思维劳动、新媒体营销策划劳动、创新劳动实践、创业劳动等。

行动指南

1. 广泛参与志愿服务和社会公益劳动,奉献青春力量

志愿服务也是社会文明进步的重要标志。现今,奉献、友爱、互助、进步是志愿服务的精神,弘扬传统美德已经成为人人参与的文化活动。帮助他人、服务社会,加强了人与人之间的交往与关怀,传递了爱心,传播了文明,消除了彼此间的疏远感,促进了社会的和谐与进步。公益劳动体现了助人为乐的高贵品质和关心公益事业、勇于承担社会责任、为社会无私奉献的精神风貌。开展社会公益活动不仅是大学生接受社会教育的需要,也是培养同学们适应能力、应用能力、发现问题与解决问题的能力、意志力的重要

手段。学校组织与安排公益劳动,应有目的、有计划地对学生进行思想教育,根据学生的年龄特点、性别特点和个体差异,妥善安排劳动项目和时间。大学生开展公益活动和志愿活动的形式有支农、支教、支医、义诊、义务劳动、义工、春运志愿者、奥运志愿者等,大学生应熟练掌握相关劳动工具,认真做好准备工作,这是获得良好活动效果的最关键因素。大学生参加服务性劳动,做到知行合一,培育公益精神,有利于培养感恩、互助、友爱、奉献的高尚的道德情操,提升自身思想道德境界,具有积极的社会价值和德育价值。

中国大学生
社会实践
知行促进
计划介绍

2. 开展创新创业实践,提高自身素质

近些年来,创新创业教育在各大高校陆续开展,为广大的大学生提供了一条新的发展道路,为社会培养了一批批自主创新创业人才。学校可通过各种项目,以社团形式为载体,增强学生创新意识和创业竞赛能力;通过构建创业教育课程体系,培养学生创新创业能力;通过创设相关课程,鼓励学生进行创业活动;通过加强创新创业实践活动环节,锻炼和提高学生的观察力、思维力、想象力和动手操作能力。作为大学生的一员,必须认清楚大学生创新创业的可能性与重要性,培养自身的创新创业能力。认真学习创新创业课本知识,掌握一定的理论知识;积极参与科研训练、学科竞赛、素质教育、社会实践等各类实践活动,不断积累经验,提高素养;组建创新创业团队,进行项目实践锻炼,如撰写项目创新创业计划书、进行项目路演等。

国家大学生创新创业训练计划介绍:

教育部在"十二五"期间开始实施国家级大学生创新创业训练计划。国家级大学生创新创业训练计划内容包括创新训练项目、创业训练项目和创业实践项目三类。

创新训练项目是本科生个人或团队,在导师指导下,自主完成创新性研究项目设计、研究条件准备和项目实施、研究报告撰写、成果(学术)交流等工作。

创业训练项目是本科生团队,在导师指导下,团队中每个学生在项目实施过程中扮演一个或多个具体的角色,通过编制商业计划书、开展可行性研究、模拟企业运行、参加企业实践、撰写创业报告等工作。

创业实践项目是学生团队,在学校导师和企业导师共同指导下,采用前期创新训练项目(或创新性实验)的成果,提出一项具有市场前景的创新性产品或者服务,以此为基础开展创业实践活动。

价值引领

服务性劳动不仅与生产劳动、日常生活劳动共同发挥着引导学生树立正确劳动观念、提升劳动技能的作用,还因其具有浓厚的服务性、公益性、助人性、教育性等特征,发挥着巨大的思想教育作用,是学校思想政治工作的重要形式。大力开展志愿服务、公益劳动和创新创业等服务性劳动,可以提升参与者奉献爱心的情感与能力,让大学生们了解相关从业者之不易,体会服务公众和集体利益的荣誉感和自豪感,培养生活中所必需的基础劳动知识和技能,从而形成科学、正确的劳动观念、情感和态度。

案例点评

徐颖雪：让青春风采在电网建设一线绽放

　　徐颖雪，国家电网公司"优秀共青团员""劳动模范"，重庆市 2023 年"最美产业工人"、五一劳动奖章获得者。在电力施工一线这个传统的"男儿战场"，徐颖雪用自己的奋斗、坚持、拼搏，让青春风采在电网建设一线绽放。

　　"我小时候受外公的影响，立志长大了要和他干一样的事。"徐颖雪介绍自己干土建的由来时说道，自己的外公是一名建筑工程师，打小就很崇拜他，2016 年大学毕业后，进入重庆送变电工程公司工作，开始了"土建生涯"。

　　参加工作后，徐颖雪凭着一股敢拼敢闯的冲劲，埋头苦干。先后参与了 220 千伏合川星寨、500 千伏明月山、500 千伏金山、1 000 千伏铜梁变电站等重点工程建设。即使身处偏远艰难的电力工程现场，她始终乐观积极、不骄不躁、潜心学、刻苦练，在平凡岗位上不断磨炼自己。

　　2023 年，国家"十四五"重大能源项目川渝特高压交流工程铜梁 1 000 千伏变电站开工建设。第一次承建特高压变电站的重庆送变电公司和徐颖雪，更是面临着多项的管理零经验和施工技术空白，从 500 千伏到 1 000 千伏，改变的不仅仅是体量，还有多年来潜移默化下的习惯思维。对于徐颖雪和她的团队来说，这是一次破冰般的特别出发。

　　在这场特高压"战役"中，再次担当技术负责人的徐颖雪，带领团队陆续攻克了一个又一个技术难题。"施工中一点点的细微偏差都可能导致出现裂缝裂纹，即使暂时不影响功能，但若干年后还是会有问题。工艺标准就是我们的生命线，一步都不能退。"徐颖雪斩钉截铁地说。"偏毫厘不敢安，千万锤成一器"，正是这一份对工序质量严格把关的高度责任感，铜梁变电站的实体质量优良，获得了行业内外的高度评价。

　　2024 年底，川渝特高压工程圆满建成投运，标志着重庆电网正式迈入特高压时代，构想了 10 余年的"特高压入渝梦"终于实现，也创造了施工时间最短、调试速度最快、施工人数最多的纪录，为服务成渝地区双城经济圈建设贡献着自己的力量。

　　"钢筋水泥混凝土，是我的站位，亦是我的战斗位置，我给自己定的目标很简单，每天把自己的能力极限突破一点点，往更高更好的方向去改变。"徐颖雪说。

　　路漫漫其修远兮，吾将上下而求索。在川渝特高压工程投运之后，徐颖雪又踏上了新征程，全力以赴投入重庆新玉 500 千伏输变电工程项目中。

　　案例点评：从儿时起，徐颖雪便在外公的潜移默化下，对建筑行业萌生出浓厚的兴趣。大学毕业后，她毅然投身电力土建领域，在工作中一路奋勇前行，不断突破自我。从参与多个重点工程，到直面国家"十四五"重大能源项目的管理与技术困境，她带领团队勇破难题。她秉持"工艺标准就是生命线"的理念，严格把关质量，助力该项目创造多项纪录，成功投运，为地区发展添砖加瓦。她不满足于成绩，持续挑战自我，奔赴新工程，这种拼搏、负责、进取的精神，是新时代青年的榜样，激励更多的人在岗位上发光发热。

　　（资料来源：中工网，有改动。）

话题感悟

一部分人认为,只要父母有条件给予子女优越富足的生活,子女就可以"十指不沾阳春水""一心只读圣贤书",因为现在考试竞争激烈,要想脱颖而出,必须集中精力认真学习。除去在学校学习和参加补习班的时间,留给孩子休息的时间已经很少了,如果再让其从事日常家务劳动,那么未免也太过辛苦。而另一部分人认为,日常家务劳动就是学习的一种,如果剥夺了孩子劳动的机会,只让其学习"高精尖"技能,就仿佛一栋地基不稳却一味追求高度的大厦,经不起风吹雨打,总有一天会轰然倾塌。

根据以上资料谈谈你对于劳动的认识。

⚒ 劳动体验

首批乡村工匠名师王光花——蜡染技艺的传承与创新

王光花是重庆市彭水苗族土家族自治县的一位蜡染非遗传承人,以其在非遗保护与乡村教育融合方面的卓越贡献,获评国家首批乡村工匠名师。

1. 非遗传承与教育融合

王光花长期致力于蜡染技艺的传承与创新,尤其注重通过职业教育培养后继人才。她在彭水县职业教育中心设立了蜡染大师工作室,将传统技艺融入现代教育体系,推动"非遗进校园"。通过系统化教学,她不仅传授蜡染技法,还结合设计理念开发文创产品,使这一古老技艺焕发新生。

2. 推动乡村产业发展

作为乡村工匠名师,王光花积极推动非遗工坊建设,带动当地妇女和青年参与蜡染制作,助力乡村经济。她通过培训学员、开发工艺品等方式,帮助村民实现居家就业,既保护了传统文化,又为乡村振兴注入活力。

3. 社会影响与荣誉

王光花的努力得到了国家级认可。2024年,她与苗绣传承人李绍玉共同入选首批乡村工匠名师名单,成为全国乡村工匠培育工程的典范。她的实践还被纳入彭水县文化馆的重点工作计划,未来将通过技能大赛、特色企业扶持等方式进一步扩大非遗传承的影响力。

乡村工匠名师不仅是乡村特色产业振兴的中坚力量,也为乡村学校特色化发展提供了宝贵的教育资源。王光花以非遗传承为纽带,架起了传统文化与现代教育、乡村经济之间的桥梁,展现了乡村工匠在文化保护和乡村振兴中的关键作用。她的故事不仅是技艺的延续,更是对乡村人才培育模式的创新探索。

模块四 养成良好的劳动习惯和品质

劳模风采

吴喜军:我要为首都养好每一条路,让这些路成为 老百姓的幸福路、安全路、小康路

吴喜军,养路工人,2020 年全国劳动模范,他被大家亲切地称为"首都高速公路守护者"。吴喜军二十多年始终坚守在高速公路养护抢险一线。他出身农民、学历不高,但能够实干、苦干和巧干。他总结出伸缩缝微创法、清障五步工作法等技术工法,将养护效率提高了 10 倍以上。他带领"职工创新工作室"编制出 29 部养护指导书、梳理完善了 43 类机械设施设备安全操作规程,自主研发了吊装融雪剂操作平台、组合式机械化边沟清理套装等技术创新项目,成果大多在业内处于领先水平,解决了一大批养护施工难题,累计节约养护费用一千余万元。在庆祝新中国成立 70 周年活动、一带一路高峰论坛、北京 APEC 峰会等国家重大活动保障任务中,他始终冲锋在前、执着追求,激励了更多首都公路养护工人为群众平安出行保驾护航。

学习目标

1. 认识养成良好的劳动习惯和品质的重要性及现实意义。
2. 掌握养成良好的劳动习惯和品质的五项要求。
3. 了解养成良好的劳动习惯和品质的三条基本途径。

问题发现

家庭在劳动教育中所扮演的角色不容忽视。当前我国青少年的教育环境和成长氛围呈现"三独"的特点,即家长是独生子女、教师是独生子女、孩子也是独生子女。由于他们自身不重视劳动,所以在教育下一代时,很容易忽视劳动教育。如今,"小皇帝""小公主"层出不穷,"老儿童""巨婴"现象越来越常见。良好劳动习惯的养成对一个人的成长和成才具有不可忽视的重要作用,培养孩子健康的劳动习惯,应从小就

培养孩子的自理能力,让孩子爱劳动,这样才能让孩子以后更容易融入社会群体中。只有具备良好劳动习惯和品质的创新型劳动者,才能满足社会生产对劳动者素质的新需求。

项目一　养成良好的劳动习惯和品质的重要性

核心内涵

从小培养良好的劳动习惯和品质

　　习惯,是指积久养成的生活方式。心理学家认为,学习习惯是人们在长期的学习过程中逐渐形成的具有系统性和稳定性的学习心理和学习行为方式,是个性特征的重要方面。培养良好的劳动习惯,对于成为一个高素质的劳动者而言十分重要。爱因斯坦在《论教育》中说:"如果青年人通过体操和走路训练了他的肌肉和体力的耐劳性,以后他就会适应任何体力劳动。思想的训练以及智力和手艺方面的技能锻炼也类似这样。"由此可见,训练对于习惯养成十分重要。良好劳动习惯的培养是学校德育和劳动技术教育的任务之一,培养良好的劳动习惯可以使青少年乐于劳动,提高劳动技能,从而形成健全的劳动价值观。

行动指南

1. 认识培养良好的劳动习惯和品质的重要性

　　养成良好的劳动习惯和劳动品质对青少年而言十分重要。叶圣陶说:"教育是什么?往简单方面说,只需一句话,就是养成良好的习惯。"这句话充分说明了培养良好习惯的重要性。良好行为习惯的形成,是青少年日后成才的重要条件。现代心理学研究

证明,一个人成才所受的影响,非智力因素约占 75%,智力因素约占 25%。良好的习惯是非智力因素中最主要的方面。所以,培养良好的习惯,对一个人的人生有重要的促进作用。一个人要想获得成功,想成就优良的学业和辉煌的事业,拥有一段幸福且美好的精彩人生,不仅需要有远大的理想和伟大的志向、丰富的知识和扎实的技能,更重要的是,还需要有脚踏实地、吃苦耐劳的劳动精神和劳动习惯。因此,青少年要注重自身良好劳动习惯的养成,让良好的劳动习惯伴随自己一生。

2. 明确拥有良好的劳动习惯和品质是事业成功的关键

　　培养良好的劳动习惯和品质,对人的事业发展意义重大。成功的人无一不有着严

格自律的良好劳动习惯。袁隆平院士一生致力于杂交水稻研究,他深入田间地头,几十年如一日辛勤劳作,不畏艰难,这种良好劳动习惯成就了杂交水稻事业,解决了无数人的温饱问题;画家达·芬奇有着坚强的毅力,养成了严格要求自我的良好习惯,几百次画鸡蛋,不断地精进自己的技艺,才有了后来《蒙娜丽莎》等世界名画的诞生。马克思曾说过:"良好的习惯是一辆舒适的马车,坐上它,你就跑得更快。"这句话形象地告诉我们,一个人若想有所成就,首先必须养成良好的劳动习惯和品质。而良好的劳动习惯和品质的形成过程,一方面,可以培养艰苦朴素、吃苦耐劳、尊重他人劳动成果的劳动美德,

塑造自己的责任心和团队协作意识。另一方面,可以强健体魄,在劳动过程中养成认识问题、分析问题和解决问题的能力,培养创造能力和创新能力。在当今时代,只有成为一个掌握了新思维、新知识、新技术,具有良好劳动习惯的创新型劳动者,才能满足社会生产对劳动者素质的新需求,为社会创造出更多物质文明和精神财富,为中华民族书写光辉灿烂的新篇章。

3. 了解培养良好的劳动习惯和品质有利于人生幸福

巴尔扎克说过:"生活的花朵只有付出了劳动才会绽开。"对我们每个人而言,幸福生活都不是从天上掉下来的,也不是凭空出现的,而是靠我们自己的双手去打拼、奋斗

出来的。只有劳动和付出,才会得到收获和回报。在校园中,存在小部分学生只专注学习书本知识。他们对教室清洁、校园劳动等不屑一顾,认为劳动会耽误学习时间。在家从不做家务。长此以往,他们虽可能在学业成绩上暂有斩获,但自理、协作与社会适应能力却是极度欠缺的。这告诉我们一个深刻的道理:不会劳动的人,生活不会幸福;

不会劳动的人,人生不会成功。只有重视劳动、尊重劳动、实践劳动,才能书写灿烂的人生篇章。

价值引领

"人生在勤,不索何获",事实上,社会的每一点进步,人们的每一点收获,都离不开

劳动者的辛勤劳动与默默付出。今天,我们比历史上任何时期都更接近、更有信心和能力实现中华民族伟大复兴的目标,面对脱贫攻坚、污染防治、防范化解重大风险等一系列新任务、新挑战,更加需要我们扎实工作、努力劳动,以奋斗化解问题和风险,用劳动创造美好生活。

项目二　养成良好的劳动习惯和品质的基本要求

核心内涵

　　培养学生良好的劳动习惯和品质是学校德育和劳动教育的重要任务之一。良好劳动习惯和品质的养成可使青少年热爱劳动,树立正确的劳动观念和劳动态度。社会在快速向前发展,社会的文明程度在不断提高,对劳动者的素质要求也越来越高。随着我国制造业产业结构的转型升级,必然要依靠一大批高素质的劳动者。当代学生作为未来社会的劳动者,要想更好地满足社会生产的需要,更好地实现自身价值,就要养成良好的劳动习惯和品质,努力成为一名具有良好的劳动习惯和品质的高素质劳动者。

行动指南

浅谈健康的
道德素质

1. 积累专业的理论知识和实践经验

　　知识是成为人才的基础,作为专业的劳动者,首先应具备专业的理论知识,这些知识可以通过学校中的专业学习和训练取得,也可在实践探索中学习和钻研。仅有书本知识而缺乏实践经验,或者仅有实践经验而缺乏系统性的基础知识,都不可能成长为高素质的专业人才。

2. 培养高尚的道德素质

　　道德和知识组成了人生的坐标系,道德素质好比横坐标,知识水平好比纵坐标,人生的起点就好比坐标原点,如果道德素质呈负数,那么越有知识对社会的破坏性就越大,也就是所谓"有才无德"的人。被社会承认的高素质劳动者,除了应对企业和行业发展作出贡献,还应当是"德才兼备"的人。道德素质有所欠缺的劳动者,无论专业知识掌握得多么牢固,都难以得到社会的认可。

3. 选择适合的工作岗位

高素质的劳动者只有在其适合的工作岗位上才能充分地发挥作用,离开了适合的工作岗位,任何人都很难成为人才。现代大学的专业和学科分得更加细致,使得一部分大学毕业生难以找到对口的工作岗位。但是,知识可以从实践中得到,所以如果工作岗位暂时是不对口的,也可以从头再来,许多人才都不是在自己专业对口的领域成才的。强调对口的工作岗位,不仅是要求用人者从用人所长的角度考虑问题,也要求劳动者必须积极主动地去适应自己的工作岗位。

4. 树立高度的责任感

责任感是对一般工作人员的基本要求。对高素质劳动者而言,责任感要求应该更高。许多人自恃为人才,不注重对自己的责任感的要求,大事做不好,小事不想做,虽然掌握了一定的专业知识,却难以找到适合的工作岗位。有些人在被企业信任和重用的时候有责任感,在不被信任和重用的时候就没有了责任感;在大事上有责任感,在小事上就没有了责任感。高度的责任感,

应该是一个高素质劳动者的本质表现,不需要任何客观条件和外力的作用,就应该自觉积极主动地表现出来。如果没有高度的责任感,那么任何事情都难以做成功。

5. 保持强烈的事业心

人的生命是宝贵而短暂的,在这短暂的时间里,要掌握大量的专业系统的知识,争取到适合的工作岗位,没有强烈的事业心,就绝对不可能成长为高素质劳动者。只有具备了强烈事业心的劳动者,才可能有只争朝夕、坚忍不拔、百折不挠、兢兢业业、精益求精、一丝不苟的敬业精神;才可能在平凡的工作岗位上,做出不平凡的业绩。

价值引领

当今社会,劳动仍然是人类社会赖以生存和发展的基础。掌握必备的劳动知识和技能,培育良好的劳动习惯和品质,不仅有利于促进青少年的全面发展,还有利于提升

青少年将来的生存能力和生活质量。习近平总书记在 2024 年新年贺词中深情礼赞："辛勤劳作的农民,埋头苦干的工人,敢闯敢拼的创业者,保家卫国的子弟兵,各行各业的人们都在挥洒汗水,每一个平凡的人都作出了不平凡的贡献!"万家灯火,离不开各行各业千千万万的劳动者、奉献者、守护者。回望我们国家走过的历程,我们实现了从站起来、富起来到强起来的伟大历史飞跃,历史无数次地证明,任何艰难险阻,都难不倒勤劳勇敢的中国人民。今天,我们所拥有的一切,都凝聚着劳动者的聪明才智,浸透着劳动者的辛勤汗水。

项目三　养成良好的劳动习惯和品质的基本途径

核心内涵

　　培养良好的劳动习惯和品质能够使青少年在学习、生活和工作中将劳动作为一种自然的行为,在劳动中塑造健全的人格。培养良好的劳动习惯和品质,关键在于进行劳动训练,良好的劳动习惯和品质要在学生的自我服务、家庭日常生活劳动、学校日常劳动与公益劳动的不断训练中逐步形成。青少年是社会主义事业的建设者和接班人,他们的成长成才不仅需要知识和智慧,还需要良好的劳动习惯和品质。因此,加强青少年劳动习惯和劳动品质教育,是我国新时期高校完成立德树人这一教育的根本任务的一项重要举措。当今的青少年肩负建设中国特色社会主义、实现中华民族伟大复兴的历史使命。通过劳动教育和坚持不懈的劳动训练,青少年可养成良好的劳动习惯和品质,形成积极的劳动价值观,从而更好地实现人生价值,最终有助于实现中华民族伟大复兴的中国梦。

大学生培养良好的劳动习惯的基本途径

行动指南

1. 要在参加劳动的过程中培养对劳动的热爱

　　热爱劳动是中华民族的优秀传统,从古代绵延至今。世界上其他各国,也都非常重视劳动教育。"离开劳动,不可能有真正的教育。"教育家苏霍姆林斯基的话至今依然给我们深刻的启发。对个人而言,劳动是生存的理由;对家庭而言,劳动是改善生活的手段;对国家而言,劳动是推动社会发展进步的力量。劳动因岗位不同而彰显不同意义,对农民而言,劳动是种出更多的庄稼;对工人而言,劳动是生产更多合格的产品;对科学家而言,劳动是研究更尖端的科技。习近平总书记指出:"无论时代条件如何变化,我们始终都要崇尚劳动、尊重劳动者,始终重视发挥工人阶级和广大劳动群众的主力军作用。"青少年应当在劳动教育中,学习劳动技能、开拓认知领域,更重要的是懂得尊重劳动、尊重劳动者,培养对劳动的虔敬之心和对劳动者的感恩之心。成千上万劳动者特别是其中的先进模范人物,以他们的倾力付出支撑起共和国大厦,在

他们身上闪耀着深邃的人格光芒。他们是全社会学习的楷模,同时更是青少年的楷模。仅仅通过劳动课程学习技能是不够的,还应该向劳动模范学习,陶冶情操、开阔心胸,积极地参加各种劳动实践,在劳动实践中感悟劳动的价值,培养和提高良好的劳动习惯和品质,培养对劳动的热爱。让劳动的种子在青少年的心中生根发芽,最终培育出健康、健全的人格之树。

2. 要努力把每一件小事做到极致

简单的事情重复做,重复的事情用心做,把一件小事做到极致,胜过平庸地做好一万件事情。我国著名消化道专家周平红,就是这样的一位优秀典型,他改进的 POEM 手术技术,将之前世界最先进的 1 小时手术时间缩短为 20 分钟,极大地提高了工作效率,让更多的病人摆脱了病痛。周平红的"绝招",可谓是将基本功练到极致的结果。许多优秀的劳动者从事的都是普通的工作,但对产品和工艺有着极致的追求。正是他们对专业技艺的精益求精和极致追求,才让自己的技艺绽放出璀璨的光彩。把每件简单的事情做好,就是不简单;把每件平凡的小事做好,就是不平凡。

3. 要持之以恒

荀子言:"骐骥一跃,不能十步;驽马十驾,功在不舍。锲而舍之,朽木不折;锲而不舍,金石可镂。"坚持就是内心笃定和着眼于细节的耐心,这是一个高素质劳动者所必须具备的精神特质。在我国,早就有"艺痴者技必良"的说法,古今中外杰出的工匠大多穷

其一生只专注于做一件事或几件内容相近的事,春秋战国时期的杰出工匠鲁班、建造赵州桥的隋朝造桥工匠李春、人民币人像雕刻大师马荣等都是如此。多次荣获"全国劳动模范"称号的徐虎也是持之以恒、坚持劳动的典范。徐虎是一名水电维修工,在这个普普通通的工作岗位上,他开始了为之奋斗一生的水电维修工作。从

20世纪80年代起,他利用业余时间为居民排除水电故障两千余起,共花费了7千多个小时,彰显了"辛苦我一人,方便千万家"的奋斗奉献精神,深得广大人民群众的喜爱。全面建设小康社会的伟大事业正呼唤着亿万个像徐虎这样平凡而伟大的爱岗敬业者。习近平总书记在同北京大学师生座谈时指出:"广大青年要培养奋斗精神,做到理想坚定,信念执着,不怕困难,勇于开拓,顽强拼搏,永不气馁。"充分说明了坚持不懈对人生的重要性。

价值引领

劳动最崇高,是对劳动者创造的成果和劳动者自身价值的积极肯定。伟大来自平凡,平凡之中孕育着崇高的劳动,劳动是平凡的普遍诠释。我们之所以能够有舒适和谐的生活环境,正是因为有千千万万平凡的劳动者默默无闻的劳动。他们用劳动彰显为人民服务的初心,用劳动谱写和谐社会进步的历程,用劳动铸就崇高追求的使命,踏实办好事、办成事,全面焕发劳动热情、释放创造潜能。

📖 案例点评

张华:大国高铁修车匠

"我是修电动车的,不过我不修雅迪、不修凤凰,我修的是64个轮子、400米长、单价过亿元的重型电动车,也就是你们坐过的高铁和动车,我们通称为动车组。"张华喜欢向外行人这样介绍自己。从一名中专毕业生,成长为能够维修国内5大类20多种动车组的上海铁路局首席技师、全国动车组检修全能冠军,张华是出了名的能吃苦、肯钻研。

十多年前,33岁的张华开始接触高铁,学习起高铁动车组养修这门"大国技术"。尽管已经有了十几年火车机电维修经验,但对高铁维修来说,他依然是个新手。如何读懂数以千计的电路图纸、分清数以万计的电气零部件,是横在张华面前的一道坎。更让张华为难的是,图纸有英文、日文、德文、法文,各家公司技术都不一样,密密麻麻的图纸犹如天书。白天登车顶、进车厢、钻车底照图纸看电器模块,拆装电子元件,晚上回家一边自学结构原理,一边拿着放大镜看图纸,用字典一个个查,用中文标注,寝室的灯通常亮到后半夜。一次,一列高速动车组在检修过程中,驾驶室监控屏连续报出多个故障代码,辅助电源装置(车载电源)停止运行,技术人员查了好久都没找到问题,只好提出更换。这个模块价值百万元,得到消息的张华第一时间赶到,他仔细查询了所有故障代码,看到一个代码涉及温度,通过笔记本电脑下载数据、查看波形,一刻钟后,张华认为是温度传感器出了问题,更换温度传感器配件后,故障代码果然消失,列车恢复供电,只花了几十元就解决了问题。

2018年,张华在业内首创高铁车辆"单元级"调试检修新模式,16节编组的"复兴号"被"拆分"成四组,同时交由四组人员作业。通过现场应用,以动力单元为对象进行调试检修,大幅度提升了架车工况下的检修效率,也为动车组检修带来了全新的生产组织方案。从接触动车组列车养修开始,张华累计零差错养修调试五百余列高速动车组,以专业的技能保障了万千旅客的平安出行。他还组织编制了《动车组部件维修工艺》《动车组故障排查指南》等专业教材20余册。这些教材获得多所院校的认可。张华曾荣获全国劳动模范、全国五一劳动奖章、长三角大工匠、最美铁路人等称号。他说,荣誉的背后也意味着责任和使命,希望能够继续以精湛的技术和探索创新的精神服务铁路,让中国速度跑得更快,行得更稳,使高铁这张"国家名片"更加闪亮。

　　案例点评:从中专毕业生成长为高铁维修专家,由普通工人成长为全国劳动模范。张华的成功之路,靠的是肯吃苦、善学习的良好劳动习惯和自己的不懈努力,凭借这种习惯,张华短时间内便在专业领域里超越了过去的自己,也超越了同行,成为在企业、行业乃至全国最顶尖的技术人才。张华的奋斗故事告诉我们:要想成为一个优秀的劳动者,就必须努力培养善于学习、善于钻研的劳动习惯,努力学习好专业知识,不断完善自我、提高自我,不断提高职业技能,努力让自己成为专业的行家里手,时刻保持学习的劲头。将学习作为一种终生的习惯,作为一种毕生的追求。

　　(资料来源:中国青年报,有改动。)

话题感悟

　　《尚书》有云:"不知稼穑之艰难,乃逸乃谚。"没有挥洒过劳动的汗水,没有体会过劳动的艰辛,就很难真正理解劳动的内涵、珍视劳动的价值。在当今青少年成长的过程中,分数成了教育的指挥棒,学习成了学生唯一的行为。环顾我们周边,青少年"不识稼穑"的现象,并不罕见。一些青少年习惯了"动动手指外卖送来,语音指令机器人擦地"。因为"课业忙""不重视"等,少有机会走进"实践的课堂"。甚至一些青少年出现了不珍惜劳动成果、不想劳动、不会劳动的现象。请根据以上资料谈谈你的看法。

劳动体验　　　　　总有些苦必须要吃

　　据《中国青年报》报道,陈万思同学是来自贫困家庭的学生,由于家庭无力支付其学习费用,他在入学两个月后通过自荐,在学校图书馆当兼职干事,并在所居住的宿舍4号楼觅得一个清洁工职位。两年多来,他整理书籍、清理书架、打扫楼梯、拖洗楼道及擦洗厕所,节假日还在阅览室值班,每月还帮助27名同学到校财务处领工资。刚开始的时候,确实有些不好意思。但朋友同学、老乡熟人非但没有看不起他,反倒对他更加关心爱护。一些同龄人私下里还把他当作"坚强的化身"。而他拿着自己亲手挣的钱,也觉得自己真的长大了。报道中详细列出了陈万思同学每日的作息时间表:早上 6:10 起床,6:15 上操,6:25 吃早饭,6:35 打扫楼道,7:00 早读,7:30 上课,11:20 吃午饭,11:40 打扫楼道,12:00 打扫教室,12:30 午休,下午 1:30 上课,3:30 图书馆值班(2~3 次/每周),4:30 打水、吃晚饭;5:30 会计培训班查听课程(2~3 次/每周);7:00~10:00 晚自习。另外每周六晚 7:00~9:00 做家教,每周日上午 8:00~11:00 到图书馆值班。陈万思说,他的大部分时间就是这样度过的。他之所以选择这些兼职,是因为它们大都只占用零碎时间,且基本在校内,不用投入大量精力。有人说勤工助学耽误学习,还有人说干这些不能锻炼人,文盲都能干。他不以为然:"一屋不扫,何以扫天下?"当他一遍遍地拖着二十来斤重的大拖把在楼道里来往时,他想他这辈子绝不会怕"挫折"二字。

　　总有些苦是必须要吃的,今天不苦学,少了精神的滋养,注定了明天的空虚;今天不苦练,少了技能的支撑,注定了明天的贫穷。为了日后的充实与富有,苦在当下其实很值得。

模块五 　做新时代的劳动者

劳模风采

程开甲：我这辈子最大的幸福，就是自己所做的一切，都和祖国紧紧地联系在一起

程开甲，核武器技术专家，理论物理学家，中国科学院院士，中国核试验科学技术的创建者和领路人。1960年，程开甲"消失"在公众视野之中，开始在"死亡之海"罗布泊潜心中国核武器研究和核试验事业。1964年10月16日，我国第一颗原子弹在罗布泊成功爆炸。之后，程开甲还参与主持决策了三十多次核试验，被称为中国的"核司令"。在参加核武器研究的二十多年里隐姓埋名，放弃了功名与利禄，没发表过论文，在学术界销声匿迹。2019年，在新中国成立70周年之际，这位"两弹一星"功勋科学家被授予"人民科学家"国家荣誉称号。

学习目标

1. 知晓合格的新时代劳动者所需要的素养内涵。
2. 了解人工智能背景下的未来劳动形式、内容。
3. 掌握新时代大学生开展创造性劳动的基本途径。
4. 珍惜劳动成果，践行健康生活方式。

问题发现

人工智能的出现和发展是把双刃剑，不可否认，它给许多传统行业、岗位、工种带来了冲击，同时我们也应该看到人工智能的发展和广泛应用是大势所趋。在互联网、信息技术飞速发展的时代，新技术、新应用、新产品层出不穷，许多陌生又新奇的职业如雨后春笋，伴随着科技创新和文化发展应运而生，服装搭配师、电商主播、自媒体博主、试吃试睡员……这都对新时代的劳动者提出了更高的素质技能要求。对大学生而言，我们必须适应大趋势，审时度势，让新技术为我们所用，积极开展创造性劳动。只有不断学习新知识，掌握新技能，才能适应社会的进步，在社会发展中贡献自己的力量，拥有自己

的位置,赢得广阔的发展空间。

项目一 提升劳动素质,勇担社会责任

做有法律意识、
安全意识、
科学素养、
社会责任感
的劳动者

核心内涵

法律是维护劳动者权益的重要手段,法律意识是人们关于法律的思想、观点、理论和心理的统称。劳动者需要不断地增强自己的法律意识,维护自己的合法权益。人们在生产活动中,对各种可能对自己或他人造成伤害的一种警觉的心理状态,就是安全意识,劳动者要增强劳动安全意识,预防劳动安全事故的发生。随着科学技术的迅猛发展,作为新时代的劳动者,应具备科学素质,要了解必要的科技知识,掌握基本的科学方法,树立科学思想,崇尚科学精神,学会科学地处理实际问题、参与公共事务。社会责任感则是在特定的社会里,一个人对国家、集体以及他人所承担的伦理关怀与道德责任。社会责任感是每一个劳动者应该具备的基本素质和人格中的重要内容,大学生理应培养和提高自己的社会责任感。

行动指南

1. 增强法律意识

劳动者首先要认真学习与劳动有关的法律知识,熟悉相关内容,可以利用互联网、多媒体等方式观看法律讲座,学习法律知识,提高法律素养。就大学生而言,可以参加社会实践,充分利用学校社团等学生组织,参与法律宣传教育活动,不仅自己学法、守法,也与同学一起学法、守法。劳动者还应主动行使法定权利,自觉履行法定义务,在实习、就业以及毕业后工作过程中,如果遇到纠纷,应区分不同的法律关系属性,采取合适的方法处理。属于劳动争议纠纷的,可以选择与企业协商和解,向劳动行政部门投诉,向劳动仲裁机构申请劳动仲裁,还可以向法院提起诉讼。在提起劳动仲裁和诉讼之前应准备好相关证据,以便仲裁机构或者法院做出公正的裁决与判决。

2. 增强安全意识

学习劳动安全规程和安全技术,是提高安全知识水平最直接、最有效的方法。通过学习,积累安全知识,增强安全意识,使劳动者适应安全生产的需要,有效地指导劳动者的行为,避免劳动事故的发生。根据《中华人民共和国安全生产法》和《关于维护新就业形态劳动者劳动保障权益的指导意见》,健全并落实劳动安全卫生责任制,严格执行国家劳动安全卫生保护标准。企业要牢固树立安全"红线"意识,不得制定损害劳动者安全健康的考核指标。要严格遵守安全生产相关法律法规,落实全员安全生产责任制,建立健全安全生产规章制度和操作规程,配备必要的劳动安全卫生设施和劳动防护用品,及时对劳动工具的安全和合规状态进行检查,加强安全生产和职业卫生教育培训。对大学生来说,学校认真开展"安全教育活动"是提高安全意识的重要方法,主要内容包括法律法规教育、国家安全教育、消防安全教育、交通安全教育、网络安全教育、求职安全教育、心理健康教育等。安全教育活动需要认真组织、合理安排，不能流于形式、降低质量，安全活动要结合实际并有针对性。由此才能帮助大学生认清安全形势、增强安全意识、拓展安全知识、培养安全技能，为投身社会和报效祖国做好积极的准备。

3. 提升科学素养

要提升科学素养，首先，要认真学习科学知识，积极参加科普科技相关活动或知识讲座、充分利用互联网进行学习、关注科技时事热点、利用多媒体夯实科技基础。其次，要掌握科学方法，科学方法是人们在认识和改造世界中遵循或运用的、符合科学一般原则的各种途径和手段。把握认识客观事物的过程和规律，知道如何运用科学技术知识去尝试解决身边的实际问题。最后，要培养科学家精神，科学家精神是以科学的态度和方法认识和改造世界，洞察与理性把握外部世界、现象和事件。要形成负责的学习态度，勇于探究新知。既实事求是又敢于质疑，既独立思考又互助合作。还要加强科学实践，要在科学知识、科学方法和科学精神的指导下，按照客观规律办事。

4. 提升社会责任感

"天下兴亡，匹夫有责"，有社会责任感的劳动者有为人民服务的热情，有较高的奋斗目标，有推动社会发展的动力。社会主义核心价值体系所倡导的爱国主义、集体主义、社会主义价值观是中国社会主义意识形态的主旋律。大学生应树立正确的价值导向，学习践行社会主义核心价值观，坚持道路自信、理论自信、制度自信、文化自信，把个人的发展与中华民族的伟大复兴紧密联系在一起，肩负起青年一代的历史使命。社会责任感作为一种道德情感，是知、情、行的统一，社会实践则是实现这种统一的重要途径。大学生要广泛参与社会实践，走出校园，深入社会，在社会实践中磨炼意志，在社会实践中勇担责任。

价值引领

国家前途、民族命运、社会进步和每个劳动者息息相关。每个劳动者的辛勤劳动、努力奋斗都是实现中华民族伟大复兴的力量，细小力量汇聚成磅礴伟力。让我们做有法律意识、安全意识、科学素养、社会责任感的劳动者，肩负起青年的社会责任和使命担当，关注国家、社会、民族的前途和命运，勤奋劳动，努力奋斗。习近平总书记强调，"社会主义是干出来的，新时代也是干出来的"。广大青年劳动者，只有通过踏实劳动，才能丰富人生经验，实现人生目标，勇担社会责任，彰显人生价值，展现时代青春风采。

项目二　坚定劳动信念，适应技术革新

核心内涵

人类的劳动发展史是一部通过不断创新实践、改进劳动工具、提升劳动效率，来创造社会价值、建设美好生活的历史。当前基于人工智能等新兴技术的智能工具正在逐步推广、加深应用，使得创新成为经济社会发展的主要驱动力，知识和信息成为重要的

生产要素。人类劳动在组织形式和实践方式上正在经历前所未有的巨大变革。劳动效率飞速提升的同时，劳动者也面临技术革新带来的巨大挑战。劳动者唯有努力了解新形势、学习新技术、抓住新机遇、适应新环境、创造新价值，才能在这百年未有之大变局下成为新时代的劳动者。

人工智能和
未来劳动

行动指南

1. 了解新形势、学习新技术，把握劳动新方向

当前，随着人工智能等新兴技术的深入广泛应用，劳动工具正朝着智能化的方向发展，劳动效率飞速提升。这个发展过程不是一蹴而就的，而是经历了简单工具、牲畜和天然动力工具、动力驱动工具和智能工具四个阶段。在动力驱动工具发明之前，劳动工具主要作为人类劳动器官的放大和延伸，可以不同程度地帮助人类提升劳动效率，比如由石器、青铜器、铁器制作的锄头、犁等简单工具，以及牛、马、骡等牲畜以及风车、水车等天然动力工具。18世纪60年代以来，人类经历了三次工业革命，接连发明了蒸汽机、内燃机、电动机、微控制器等动力驱动的劳动工具。这些劳动工具能够部分或者全部替代人类劳动器官的功能，劳动者只要通过控制按钮、开关、操纵杆、方向盘等方式，就可以实现对劳动过程的控制，大大提升了劳动效率和劳动水平。这种阶跃式的改变，使得生产力水平突飞猛进，并进一步加速了劳动工具的迭代进程，最终将劳动工具发展到如今的智能工具时代。

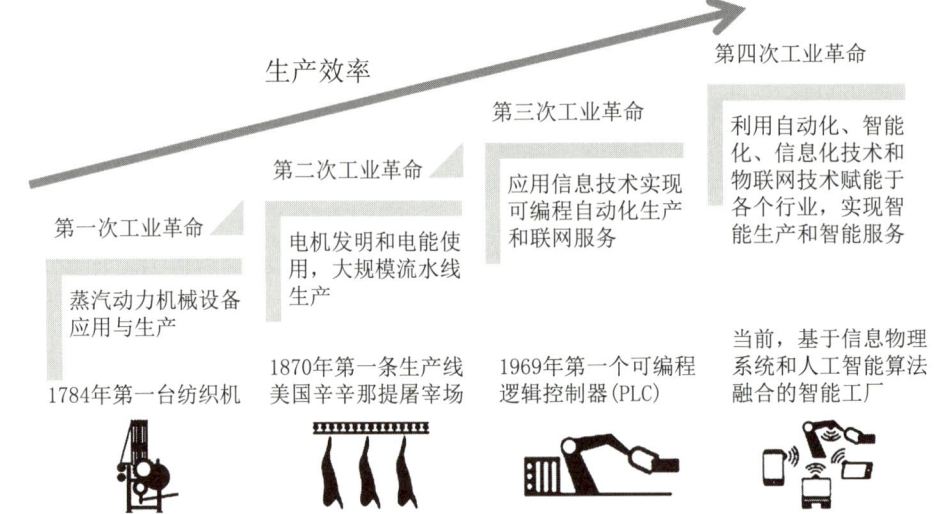

智能工具就是利用人工智能技术、信息技术、大数据技术、物联网技术、自动化技术和制造技术进行深度融合，帮助或代替人类进行生产劳动的劳动工具。智能工具在国民经济中的应用已经十分广泛和成熟。在工业制造领域，工业机器人、自动化智能流水线、智能化机器视觉检测系统等新一代智能劳动工具，已经不是简单地替代人类重复劳动，而是具备了替代人类某些复杂劳动的能力。中国财贸轻纺烟草工会曾针对纺织行业"机器换人"情况开展摸底调研，报告显示，以棉纺行业的福建长源纺织有限公司为例,对原有的 10 个细纱车间进行了技术改造,引进全自动生产线,工人从 504 人减少至 317 人,月工资人均增加 1 000 元。而化纤行业的福建百宏集团,推行"机器换人"后,自动落丝工序减少用工 70%,自动包装工序减少用工 80%;自动包装的设备更新成本 3 到 4 年就可收回。在农业生产领域,我国加大了智慧农机的应用力度,大大提升了农业作业机械化、信息化、智能化的程度,提升了农业的耕作效率。比如在新疆已经大规模使用了装有北斗导航和自动驾驶系统的施肥、犁地、除草、播种一体化智慧农机和全自动智能采棉机,大大提升了棉花种植效率,降低了成本,提升了市场竞争力。同时无人机等新兴工具也在播种、农药喷洒等领域助力智慧农业的发展。农业作业的组织方式和实践方式正在发生着翻天覆地的变化。人工智能等新技术正在深刻地改变着劳动组织方式和实践形态。更多的劳动力从第一、第二产业流向第三产业,比如餐饮、电子商务、快递物流等服务业。随着智能化的加速推进,体力劳动和操作重复性强的低水平劳动将加速被智能劳动工具所替代。相应地,能够对智能化劳动工具进行设计、研发、控制、集成、操作、管理的人才需求缺口也会越来越大,这种趋势将不可阻挡。

2. 适应新环境,不断提升未来劳动的技能水平

劳动工具的跨越式升级能大大提升生产效率,但同时也会冲击原来的产业,淘汰落后工艺和产能,从而导致大量的劳动力转移或者失业。新技术、新产品、新方法的发明和应用,也为每个时代的创业者提供了新的机遇。随着人工智能、互联网、物联网技术的不断加速发展,相关硬件设备部署成本在不断下降,各种信息、数据和知识在网络上获取的门槛和时延在降低,人工智能等新技术为创业者降低了创业成本,扩展了创业的机会。未来将会有更多的劳动力转向人工智能、物联网、大数据等新一代信息技术领域,通过创新实践,为需求端提供更高效、更优质的供给侧产品和服务,提升行业运作效率,改善人民生活水平。科技的发展正在并将持续赋予劳动更多的可能性和价值。在当今这个快速变化的智能化时代,我们要认清劳动的本质和发展趋势,树立终身学习的理念,通过培训学习,不断获取新知识,苦练新本领,深入钻研、精益求精、追求卓越,从而提高劳动技术技能水平,成为高素质技术技能型人才。

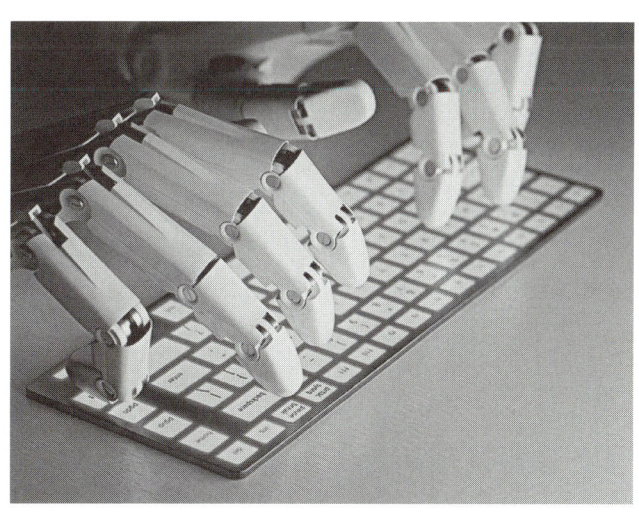

3. 立足岗位,技能报国

虽然劳动工具在劳动创造价值的过程中,具有十分重要的作用,但是劳动者在劳动过程中依然是第一主体,具有决定性作用。我们要树立爱岗敬业、认真负责、吃苦耐劳、积极向上的劳动态度,培养知行合一、团结合作、严谨细致、精益求精的劳动习惯。同时要充分发挥劳动者的主体作用,深入企业、农村和社区一线,参与真实的生产劳动和服务性劳动,体验劳动过程,感悟劳动所得,收获劳动快乐。在学习和借鉴他人丰富经验、技艺的基础上,尝试新方法、探索新技术,将所学的新知识、新技能,与劳动实践相结合,激发创新创造热情,打破僵化思维方式,在创造性地解决实际问题中体会劳动乐趣,提升劳动能力,增强劳动获得感、成就感、荣誉感。我们要在劳动中发现广阔天地,在劳动中体现价值、展现风采、感受快乐、立足岗位、成长成才,实现技能报国。

价值引领

技术的进步将不可避免地导致部分职业甚至部分行业的消失,同时也会萌生大量的新职业、新机遇。关键是要善于在危机中育新机,于变局中开新局。虽然劳动工具在不断智能化,正在不断代替低水平劳动者进行劳动作业,颠覆着我们对传统劳动的认知。但是劳动发展的本质没有改变,劳动工具精益求精的趋势没有改变,未来依然需要新时代的劳动者前赴后继,去探索新知识、研究新技术、苦练新本领、创造新价值、适应新形势,不断提升劳动效率,成为新时代的劳动者。我们要坚定劳动信念,只有恪守职业道德,弘扬劳动精神、创新精神,才能在劳动实践中不断发现自我、实现自我、超越自我,推动社会进步,建设美好生活。

项目三　创新思维方式,投入创造性劳动

核心内涵

创造性劳动是推动社会进步与创新的强大动力。习近平总书记在 2018 年全国教育大会上指出:"要在学生中弘扬劳动精神,教育引导学生崇尚劳动、尊重劳动,懂得劳动最光荣、劳动最崇高、劳动最伟大、劳动最美丽的道理,长大后能够辛勤劳动、诚实劳动、创造性劳动。"2020 年 3 月,中共中央、国务院印发《关于全面加强新时代大中小学劳动教育的意见》,提出要"提高创造性劳动能力"。创造的本质属性是创新。中国共产党第二十届中央委员会第三次全体会议公报 7 处提到"创新"。创造性劳动就是创新劳动,即通过人的脑力劳动产生技术、知识、思维的革新,从而提升劳动效率、产生超值社会财富或成果的劳动。创造性劳动是人通过脑力活动使知识转化为生产力的劳动形态,表现为敢闯敢试、勇于突破、开拓创新。

行动指南

1. 树立创新意识,适应时代发展需要

中央党校庞元正教授认为根据劳动的成果先前是否已经存在,可以把劳动分为创

新劳动和常规劳动。创新劳动又称创造性劳动，是指能够做出创新的劳动，如开发或生产一种新产品、新工具，发明或采用一种新技术，开辟一个新市场，建立一种新的生产组织关系——这些过去从未有过的、当前独一无二的劳动成果就是创造性劳动成果。创造性劳动具有不可模仿性、不可重复性、不可预知性、不可程序化的特点。相对而言，常规劳动、传统劳动则是可模仿的、可重复的、可预知的、可程序化的。其实创造性劳动的概念非常宽泛，制度、体制机制、工具、服务、理念、内容、形式等方方面面都可以进行创新，而且跟我们的实际工作息息相关。奔驰维修技术人员可以在工作中自制一种小工具，把原本要拆开大修的项目变成小规模的检测维护，因而受到厂家的高度赞赏并获得专利。四季酒店从创立开始就从服务、员工招聘、装修设计、床垫的选择等方面不断进行创新，改变了整个行业的风向和标准。伴随着第四次工业革命的到来，几乎所有的产品与服务都将发生翻天覆地的变化：通信、搜索、旅游、医疗卫生、文化教育、社会服务等。人工智能、基因工程和无人驾驶等技术的盛行，使得许多工种和职业将被取代和消失，传统劳动面临着前所未有的挑战。变革意味着创新，创造性劳动未来将成为我们的立身之本。创新是经济、社会发展的第一动力，只有不断创新，才能推进一个企业、一个国家、一个民族在理论、文化、管理、经济等各方面不断取得发展和进步，而其中推进关键核心技术的研发和创新成为推动社会进步的重要因素。科学技术是第一生产力和时代发展的推动力，知识经济时代以科学技术为动力的创造性劳动将会为社会创造越来越大的价值。作为新时代的大学生，要适应信息化时代的要求，需要有意识地培养自己的创新意识、把握创新特点、遵循创新规律，勇于突破思想的禁锢，树立创新发展理念。

2. 重塑人才观，激发创造力和动能

创造性劳动教育培养的创造性劳动人才与拔尖创新人才，都是适应新技术、新业态发展的创新型人才。党的二十大报告提出："教育、科技、人才是全面建设社会主义现代化国家的基础性、战略性支撑。"在这个新兴行业风起云涌的时代，国际竞争愈发激烈，人才被放到越来越重要的位置。创造性劳动是劳动实践的发展方向和目标，是劳动实践发展的必然方向。在辛勤劳动、诚实劳动的基础上，人类用智慧形成了更高级的创造性劳动。激发人才的创新思维和创造性劳动，首先要重塑人才观。2024 年 8 月，人社部等部门发布 19 个新职业。自 2019 年起至 2024 年 8 月，我国已陆续发布 6 批 93 个新职业，有效支持科技创新和产业转型，更好地满足人民美好生活需要。据报道，1995年出生的发型师蓝某，被认定为杭州市 E 类高层次人才，这种"不拘一格降人才"的方式在社会上引起了广泛的关注，引发舆论热议。上海、杭州的人才认定取向打破了原有的人才观，树立了人才评定的新标杆。新兴行业的"状元"人才越来越受到重视。时代要求我们用创新思维打破原有的人才观念，重塑符合时代发展需要的新人才观，促进社会快速稳定发展。

3. 树立远大理想，创造美好生活

创造性劳动能够充分发挥劳动者的主观能动性，强调人的主观能动性在改造客观世界中的无限作用。创造性劳动既是劳动的最高境界，也是实现"人的自由、全面发展"的手段和途径。在汽车修理行业，有一项工作叫作汽车钣金，主要就是对车身进行敲敲打打的修复，没有太高的技术难度和要求，对学历的要求也不高。钣金岗位工作收入虽

然不薄,但对很多人来说是枯燥的、乏味的、没有挑战的。浙江广通汽车有限公司的李有念,却把钣金工作做到了极致,他创新研发的"李有念汽车钣喷快速维修节拍化生产操作法"被浙江省总工会命名为省级"浙江省先进职业操作法",在行业内推广后创造了千万产值。他参编的汽车钣金与涂装专业《国家技能人才培养标准》一体化课程规范,在全国多地职业院校推广使用。截至 2024 年 3 月,他带领出 50 多位维修高徒,包括 3 名浙江省冠军、7 名"浙江省技术能手"、13 名"十佳汽车维修技术能手"、14 名"浙江金蓝领",为行业和社会培养了大量技术人才。归根到底,是他二十余年一如既往用精益求精的态度追求技术的极致,用创造性的劳动将技术技艺推到了一个新的平台和高度。2021 年,李有念获得了全国五一劳动奖章。人生在勤,勤则不匮。幸福不会从天降,美好生活要靠劳动创造。

价值引领

"辛勤劳动、诚实劳动、创造性劳动"集中体现了习近平的劳动实践观。创造性劳动是劳动实践的发展方向和目标。千百年来,中华民族一直传承着辛勤劳动、诚实劳动的优秀传统,并且一直向着劳动实践的最美好、最高级形态即创造性劳动坚持不懈地努力。实现中华民族的伟大复兴,需要依赖每个人的创造性劳动,需要充分发挥每个人的主观能动性,使得人尽其才,实现人的智力与体力的完美结合。培养德智体美劳全面发展的社会主义建设者和接班人,就是要使我们当代大学生能够辛勤劳动、诚实劳动、创造性劳动,要让良好的劳动习惯外化于行,使劳动创新成为推动民族复兴、创造历史的驱动力。

项目四　珍惜劳动成果,倡导健康生活

核心内涵

勤劳是中华民族的传统美德。参加劳动,养成勤劳自立的习惯,有利于增强体质、促进健康,体会到劳动成果的来之不易,学会勤俭节约。健康,是人的基本权利,是幸福快乐的基础。然而,社会发展和经济进步在给人们带来丰富物质享受的同时,也改变着人们的饮食起居和生活习惯,与不健康的生活方式密切相关的慢性病成为我国越来越严重的公共卫生问题。我们应该大力宣传文明用餐、杜绝浪费的理念,积极倡导简约适度、绿色低碳的生活方式。

行动指南

1. 积极参与劳动实践,珍惜劳动成果

大学生的劳动实践主要包括社会公益劳动和生产劳动等形式。学校经常组织大学生参加校外劳动实践,使学生尊重劳动并养成热爱劳动的习惯。另外,社会公益劳动是社会公益事业的一部分,它是一种不计报酬、直接服务于社会的义务劳动。在高校推出义务劳动课,纳入素质学分,旨在培养大学生吃苦耐劳的品质。大学生最方便的劳动实

践场所是校园,校园是每位师生共同学习和生活的场所,一个干净整洁的校园,需要大家共同努力。通过劳动,同学们可以感受到劳动带来的幸福感与获得感,体验到劳动的快乐与艰辛,领悟到甘于奉献、为他人着想的真谛,也可用实际行动弘扬雷锋精神。参加校园环境卫生清洁活动,可以发挥劳动实践育人功能,强化学生劳动观念,弘扬劳动精神,改善校园环境卫生,营造整洁舒适文明的校园环境。大学生应做到爱护校园内外环境,尊重环卫工人的辛勤劳动。

同时,要爱惜食物,杜绝舌尖上的浪费,践行"光盘行动"。"光盘行动"是一种节约资源的方式,时刻呼唤着我们,在享受现代文明带来的优越的物质条件的同时,也不应忘记还有很多人仍然生活在"温饱线"上。勤俭节约是中华民族的优秀美德,也是现实国情的需要,因此遏制餐桌上的浪费,是一场每个人都需要参与的行动。"光盘行动"唤起了我们爱惜粮食、反对浪费的责任,弘扬了中华民族勤俭节约的优良传统,也培育了新的生活观、消费观。当然,"光盘行动"重在行动,贵在持之以恒。践行"光盘行动",应成为每一个当代大学生的良好习惯。

2. 增强体质,践行健康生活理念

低碳生活,
从我做起

人力资源强国的基础,是包括大学生在内的所有劳动者个体人力资本的质量。从个体而言,人力资本包括身体、情感、智力、经济基础等多个方面,其中身体资本是基础,而身体资本的核心是体质健康水平。随着社会经济的发展,国民体质健康水平下降似乎成为一种趋势,影响着世界各国人力资源储备质量。中国青少年体质健康状况长期得不到改善,尤其是大学生体质健康持续下降,已经成为困扰教育主管部门乃至整个社会的问题。鉴于此,教育部为了进一步强调保持学生体质健康的重要性,对学生体质健康提出了基本要求。规定大学生要有一定强度和量的体育锻炼,其目的是以最低的要求,保证大学生身体的健康。如此,受益的不仅是学生个体,更是人力资源强国建设的需要。大学生保持体质健康,除体育锻炼要达到基本要求之外,还需要有健康的生活方式,也体现在健康生活理念对日常生活的指导中。概括为倡导"减盐、减油、减糖、健康口腔、健康体重、健康骨骼"的所谓"三减三健"的健康生活新理念。按照国家卫健委倡导的健康生活理念,要求做到每天给自己留 5 分钟发呆时间;每天运动 1 小时、掌握 1 项运动技巧和加入 1 个运动社群;按照新版《中国居民膳食指南》的建议,每天摄入 12 种以上食物,每周摄入 25 种以上食物,做到膳食多样化。这也就是常说的"5125"健康生活理念。

价值引领

谁知盘中餐,粒粒皆辛苦。珍惜劳动成果素来是中华民族的传统美德。新时代的大学生更应该珍惜先辈艰苦创业留下的劳动成果,也要珍惜别人提供的劳动成果。我们应在个人、家庭、社会、政府多个层面协同推进,倡导健康生活方式。实施健康中国行动,聚焦当前大学生面临的主要的健康问题和影响因素,开展专项行动。应把培养勤俭节约习惯与弘扬劳动精神、加强新时代劳动教育有机结合,自觉践行社会主义核心价值观,大力弘扬中华民族勤俭节约的优秀传统,大力倡导尊重劳动、热爱劳动的社会风尚。

案例点评

职业院校"快递小哥"青春也奋斗

送快递不只是"跑腿儿"那么简单。《中国青年发展报告 No.4——悬停城乡间的蜂鸟》显示,有 38.24% 的"快递小哥"表示在过去的一年中遭受过职业方面的歧视,16.02% 的"快递小哥"因为社会尊重度低,表示未来会选择辞职。2011 年从石家庄邮电职业技术学院毕业后,主修机电维修与管理专业的康智选择了快递行业,来到了北京。2014 年,康智通过应聘加入了"管理培训生"的队伍,并在一年半后,成为营业部主管,成功地从一位普通快递员走上了管理岗位。2015 年,由于业务能力出众,他被选中投递北京市第一份高考录取通知书,一夜之间成为"快递明星",这更让他找到了这份工作的意义。目前,康智已是一名在快递行业奋战了十余年的"老手"。在康智看来,"快递小哥"不受人重视,关键在于偏见。"在一些人心里,我们只是个跑腿的,卖体力的活,谁都能干。"康智告诉记者,送快递除了考验"快递小哥"的体力,更考验脑力,是一项技术活儿。"比如说派送路线的设计,虽然我们对负责的片区都很熟悉,但派送路线随时在变,设计出配送耗时最短、效率最高的闭环路线至关重要。"在他心里,送快递并不是打零工,而是一份正儿八经的、要坚持做下去的职业。正是凭着这份热爱,近年来,他多次在快递业的技能大赛中夺冠。

同样通过自己的努力,从一线工作脱颖而出的还有美团外卖骑手左申平。从 2017 年 10 月成为美团骑手以来,左申平工作两个月便被选为组长,连续 3 个月拿下国贸站"单王",不到 1 年成为国贸站站长。如今,左申平已经是美团外卖的一名城市经理,管理着北京 3 个区的 5 个站点、四百多名骑手。

案例点评:快递属于新兴行业,快递企业需要人才的地方有很多,这个行业有很大的发展空间。快递员想要有发展,首先自己要认可这个职业,愿意去做好本职工作。每一个行业,无论传统行业还是新兴行业,都需要踏踏实实地干,不断地在一线的各个岗位锻炼学习,了解每一个环节,熟悉每一个步骤,看得长远也就会走得更远。只要品行突出、工作能力强、态度积极,就有晋升的空间。即便是一名普通的快递员,在平凡的岗位,也能造就不平凡的人生。

(资料来源:中国青年网,有改动。)

话题感悟

近年来,网络直播行业步入高速发展的快车道。中国互联网信息中心(CNNIC)数据显示,截至 2023 年底,我国网络直播用户规模突破 8 亿人次。随着互联网技术的普及与民众消费观念的转变,其用户规模持续攀升,直播更是一跃成为热门职业。一方面,直播行业招聘职位数量与求职人数双双上扬,薪酬待遇也水涨船高。但另一方面,多数主播靠自我摸索或从其他职业转型而来,严重缺乏系统性的职业技能培训。许多高校敏锐捕捉行业动态,淘汰冷门专业,增设网络直播专业。与此同时,直播岗位对工作经验和学历的要求逐渐提高,呈现出越来越多"高学历"人才成为未来直播行业人才的显著发展态势。

直播成为就业新宠,你怎么看?说说你的看法。

📇 **劳动体验**

苟日新,日日新,又日新

"苟日新,日日新,又日新"是商朝开国君主成汤的警词,旨在激励自己自强不息、创新不已。本义是指通过洗澡除去肌肤上的污垢,使身体焕然一新,在这里引申为精神上的弃旧图新。意思是说:如果能每天除旧更新,就要天天除旧更新,不间断地更新又更新。"创新"一词即起于此。

习近平总书记谈创新时,曾多次引用这句古语。创新是民族进步的灵魂,是一个国家兴旺发达的不竭动力,也是中华民族最深沉的民族禀赋。改革最本质的要求就是创新,改革开放只有进行时,没有完成时。生活从不眷顾因循守旧、满足现状者,从不等待不思进取、坐享其成者,而是将更多机遇留给善于和勇于创新的人们。中华民族是具有伟大创新精神的民族,以伟大创造能力著称于世。"苟日新,日日新,又日新",就是对中华民族创新精神的最好写照。

下篇　实践篇

模块六　日常生活劳动

项目一　家庭生活劳动

任务一　家常菜的烹饪

劳模风采

严琦：用劳动换来美好生活

　　严琦，重庆某餐饮公司董事长，全国工商联餐饮业委员会主席、重庆市工商联副主席、重庆市餐饮商会会长。这位重庆姑娘以5张桌子开小饭馆起家，已在全国26个省市拥有90多家大型中餐连锁店，年营业额曾高达22.3亿元，为社会提供七万余个工作岗位。近年，严琦还带领员工们开创5G快餐食品工厂，巧妙地运用人工智能、大数据、云计算、物联网等前沿技术，为我国食品产业智能化转型注入了新动力。劳动只有工种之分，却无贵贱之别，我们应该尊重每一种劳动，感恩每一个劳动者，感谢劳动者用辛勤与汗水给我们带来的更美好的生活。

严琦

劳动目标

1. 认识做日常家务劳动的目的和意义。
2. 了解、掌握日常家庭烹饪的基本技能。
3. 培养自食其力、独立生活的能力。

一、劳动准备

（1）学习烹饪基本常识，掌握烹饪菜肴（肉末黄瓜）的做法。

（2）准备所需烹饪器具。如锅具、碗、菜碟、铲子、刀、案板等。

（3）准备调料。如基本调味品：盐、糖、食用油、酱油、醋、食用淀粉等；酱料：豆瓣酱、辣椒酱等。

（4）准备食材。根据烹饪菜肴的要求，选购相应的新鲜食材，主料为 150 g 精瘦猪肉，1 根黄瓜。辅料为 2 根小葱、2 个蒜头，3 根泡红辣椒，适量姜，1/2 汤匙白糖，少许水淀粉，1 汤匙醋，2 汤匙豆瓣酱，2 汤匙生抽，适量食用油和盐。并在脑海中提前模拟一遍做菜过程，以免做菜时手忙脚乱。

二、劳动开展

（一）劳动时间、地点

在校时，可在双休日时借用学校食堂。在家时，可利用假期在家中多学习家常菜的烹制。

（二）劳动过程

（1）将食材洗净，泡椒、大蒜、小葱、生姜切末备用。

（2）将猪肉切丝，再切成颗粒状，剁成肉末。剁好的肉末中加入少许水淀粉，增加滑嫩口感。

（3）黄瓜斜切成厚度为 0.5 cm 的薄片。

（4）起锅。锅烧热后倒入适量油，油烧至八成热时改用小火，将葱末、蒜末、姜末炒出香味。

（5）放入豆瓣酱，炒出红油后倒入泡椒继续翻炒，炒出鱼香味。

（6）加入肉末，改用中火继续翻炒。

（7）加入料酒、白糖、醋和少许生抽，炒至肉末变色。

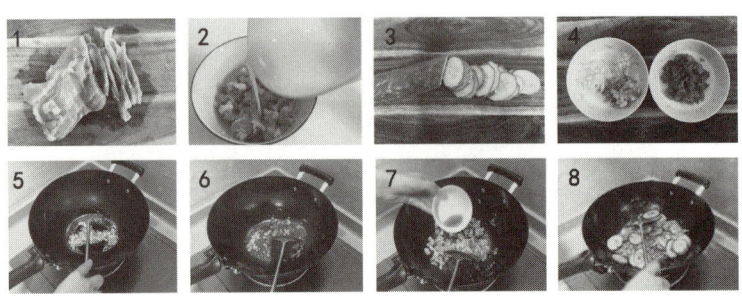

（8）加入黄瓜片翻炒均匀，依个人口味加盐，起锅装盘。

三、劳动安全注意事项

（1）正确使用炉灶。了解所用炉灶的正确使用方法和禁忌。

（2）切菜时要小心。使用刀具处理食材时要谨慎，以免切伤手指。

（3）油不要烧太热。避免油温过热，倒菜前沥干水分，尽量将食材靠近油面后迅速倾倒。

（4）油锅中不要滴入水。油烧热后，不要让水滴入油锅，以免油溅起引起烫伤或造成油锅起火。

（5）烹饪结束后，及时关闭炉灶开关。

（6）准备隔热手套或毛巾，避免转移热锅或餐具时烫伤。

任务二　家庭急救护理

劳模风采

赵生秀：坚守护理事业的医者楷模

赵生秀，女，汉族，1958年6月出生，主任护师。入党30多年，从事医疗护理工作40多年。她以对党的卫生事业的高度热爱和无比忠诚，辛勤耕耘在临床护理、教学、科研和管理一线，带领团队顺利通过国家临床重点专科建设项目，2018—2020年连续三年在全国三甲医院护理学科科技量值排名中位列百强，开创了高原护理科研的新格局，培养了一批又一批优秀护理人才，被护理同仁亲切地称为"高原提灯女神"。

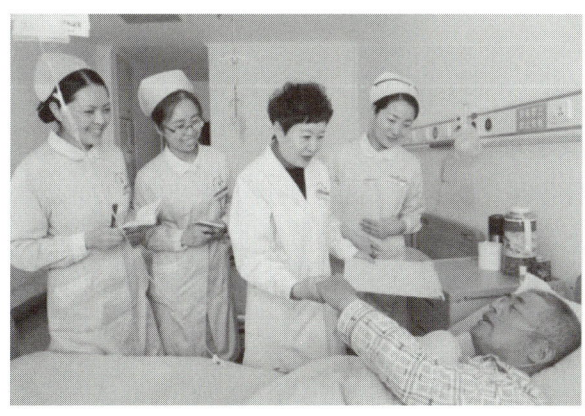

赵生秀（中）

家庭急救
常识

劳动目标

1. 了解日常伤口处理的常识和处理方法。
2. 掌握家庭伤口护理的小妙招和护理技能。
3. 强化健康护理意识和意外伤害紧急处理能力。

一、劳动准备

（1）了解伤口护理常用药品及工具。伤口护理常用物品一般包括头灯、无菌棉花、敷料、绷带、胶布、镊子、剪刀、碘酊、放大镜、垃圾袋、医用手套等。

（2）学习常见意外伤害护理知识。对学生进行分组，以小组为单位，学习日常护理知识相关资料，组织大家进行组间交流，并邀请校医院医生对相关护理技巧进行讲解示范。

（3）明确劳动任务。各小组可抽签选择模拟手割伤、宠物咬伤、关节扭伤、中暑等不同的意外伤害场景，进行练习实践。

二、劳动开展

（一）劳动时间、地点

学校公休日或周末，无上课安排的教室。

（二）劳动过程

（1）选取 5 种家庭常见的意外伤害场景（如手割伤、烫伤、扭伤、宠物咬伤、中暑）进行分组模拟实践。每组 3~4 人，其中 1 人模拟伤员，1~2 人进行救护实践，剩余 1 人负责观看记录。

（2）活动实践过程中，在指导老师的指导下，及时纠正不规范做法。

（3）实践活动结束后，针对实践情况进行检查、总结，并根据实践环节中遇到的问题进行反思。

三、劳动安全注意事项

（1）熟悉并掌握各种急救工具、药品的使用方法及安全要求。
（2）熟悉并掌握各种急救处理方法和操作步骤。
（3）戴好个人防护用具，做好消毒措施，防止施救时因消毒或防护不当给患者或自己造成伤害。

任务三　家用空调清洗

劳模风采

李国平:匠心守护,安居乐业

　　李国平,上海徐房房屋维急修中心空调部队长,上海市劳动模范。在劳模精神的引领感召下,他由一名不懂技术的外来务工人员,经过十多年的努力学习和奋斗,成长为空调维保业的专家,成了"王海斌劳模工作室"的骨干,实现了由实干型工人到知识型工人的飞跃。他勇于创新,总结出清洗空调内外机的"十步工作法",不但使清洗空调工效提高了两倍,更达到了节能降耗的效果。他甘于奉献,执着坚守在空调维保一线岗位十多年,在服务百姓的道路上,用心书与人生篇章。他乐于带教,发挥农民工党员示范引领作用,先后培养出多名制冷中、高级工人和"满意窗口、满意服务"星级员工。他所带领的空调部团队曾获得上海市房管行业"青年突击队"光荣称号,他本人先后获得"上海市优秀农民工""上海市住宅建设实事立功竞赛记功个人"等十余项荣誉。

李国平

劳动目标

1. 认识清洗空调的基本工具,了解清洗流程。
2. 掌握清洗空调的操作技能,能够开展相关清洗工作。
3. 提高实践能力及动手能力。

一、劳动准备

　　(1) 准备清洗工具。空调清洗剂、冲洗工具、百洁刷、百洁布(2~3条)、口罩、螺丝刀等。

（2）了解空调清洗部位及步骤。空调最主要的部位有空调机体外壳、过滤网、导风叶、散热器等。过滤网是整个空调清洗中最重要的部分，散热器的翅片和导风叶是易吸附灰尘的部分，这些部位需要重点清洗。

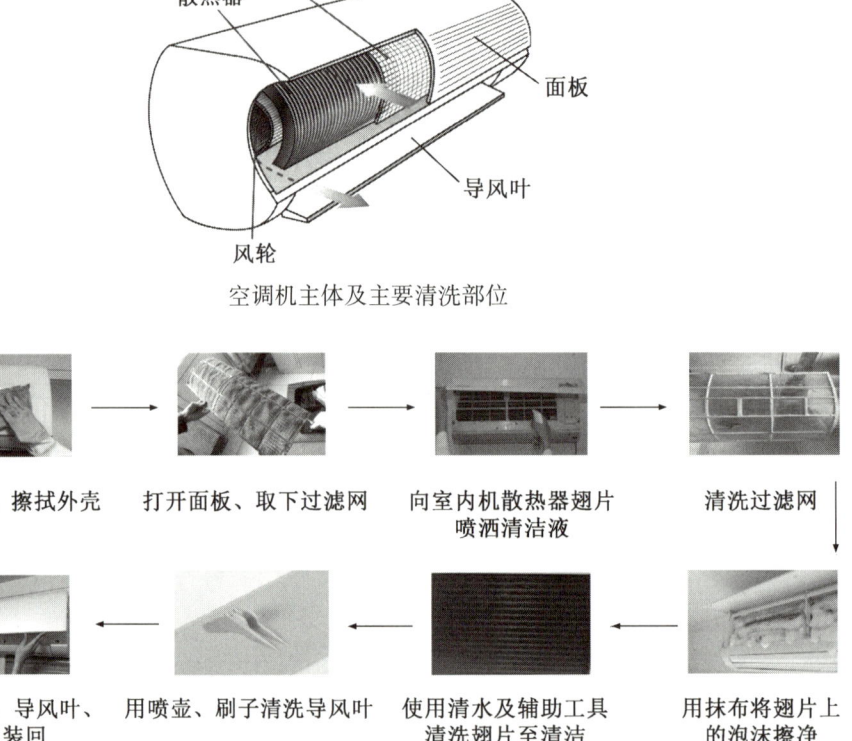

空调机主体及主要清洗部位

断开电源、擦拭外壳	打开面板、取下过滤网	向室内机散热器翅片喷洒清洁液	清洗过滤网

将过滤网、导风叶、面板装回	用喷壶、刷子清洗导风叶	使用清水及辅助工具清洗翅片至清洁	用抹布将翅片上的泡沫擦净

空调清洗基本步骤

二、劳动开展

（一）劳动时间、地点

假期，家中。

（二）劳动过程

（1）清洗空调外壳。断电后先用湿抹布把空调外壳及通风口擦拭一遍。

（2）打开空调面板外壳，取出过滤网。

（3）清洗过滤网。将过滤网拆卸下来，用干净的百洁刷把附在过滤网上的绝大部分脏物刷干净，使用流动的自来水将过滤网冲洗干净，再用干净的抹布慢慢抹干。

（4）清洗空调散热器翅片。使用专用清洗剂对散热器翅片反复喷洒几次，喷淋上清洗剂以后，用细软毛刷和抹布刷洗擦拭散热翅片。

（5）用抹布清洗导风叶。

（6）装上过滤网，合上面板静置10分钟，开启空调并把风量及制冷量调至最大，用毛巾或者抹布堵塞出风口，保持空调开启30分钟，使空调内部污水排出，完成清洗。

三、劳动安全注意事项

（1）清洁之前，必须将空调电源关闭，防止发生触电危险。清洗空调外壳时，要将抹布中的水分拧干后擦拭，以免水进入面板，发生电路短路。

（2）清洗空调过滤网时，不要使用热水、洗衣粉或其他酸碱性较强的清洗剂，避免过滤网变形。

（3）清洗完空调后要做检查，开启空调风机，运转 1～2 个小时，等到空调内部全部干燥，再用防尘套将空调器套好。在此过程中如有制冷剂气体排出，注意不要接触，以防冻伤。

项目二　学校生活劳动

任务一　教室卫生打扫

劳模风采

蔡凤辉：劳动实现美好梦想

蔡凤辉，女，汉族，1975 年 3 月出生，中共党员，现任北京环卫集团环卫服务有限公司天安门人工保洁班班长。蔡凤辉曾先后荣获全国五一劳动奖章、全国巾帼建功标兵、北京市三八红旗奖章等荣誉称号。"在天安门广场工作，既光荣又责任重大。"2012 年至今，蔡凤辉带领天安门保洁班先后承担了"纪念中国人民抗日战争暨世界反法西斯战争胜利 70 周年""新中国成立 70 周年"等重大环卫保障任务，用辛勤劳动扮靓了大国"颜面"，以无悔付出赢得了人们的尊重。工作中，她积极创新改革作业工艺，将电动捡拾三轮车引进广场保洁工作，员工作业效率提升 80%；通过发明"口香糖刷"，在不伤害大理石材

蔡凤辉

质地面情况下,清除了天安门广场上多年顽疾"口香糖污渍",使整个广场地面焕然一新。她充分发挥团队精神,凭着一股子干劲、闯劲、钻劲,带领大家在平凡的工作中做出了不平凡的业绩。劳动没有高低贵贱之分,任何一份职业都很光荣。

劳动目标

1. 增强自我管理意识,养成良好卫生习惯。
2. 掌握室内保洁工具使用方法。
3. 掌握校园室内保洁方法和步骤,熟知垃圾分类标准。

一、劳动准备

(1) 提前联系好学校保洁部门,准备好教室卫生打扫所用的工具,如扫把、簸箕、拖把、吸尘器、抹布、垃圾袋、刷子、洗洁精等。

(2) 学习掌握教室卫生打扫流程、方法及注意事项。

(3) 明确教室卫生打扫劳动中的任务分工。每人可根据实际情况承担 2～3 个步骤的工作。需要登高擦拭物品或取用物品时,应保证至少 2 人一组,确保劳动时的人身安全。

二、劳动开展

(一) 劳动时间、地点

课后,没有课程安排的教室。

(二) 劳动过程

(1) 提前到教室集合,并邀请校园保洁人员对教室卫生打扫方法及注意事项进行讲解示范。

(2) 根据教室内所需打扫的区域进行小组分工,分发劳动工具。

(3) 先检查教室内物品状况,如发现物品损坏或存在异常,要及时反馈给相关部门。

(4) 各小组成员根据所负责区域,自主进行组内分工、协作劳动。

(5) 打扫完成后,指导教师或各小组间相互确认清扫质量,并及时总结整改。

三、劳动安全注意事项

(1) 正确掌握打扫工具的使用方法,用湿抹布擦拭带电器材前,应先切断电源。

(2) 防滑、防摔。教室地面比较光滑,打扫时应小心,防止滑倒;需要登高清洁卫生、取放物品时,应请他人帮忙做好防护,以防跌落。

(3) 防坠落。不将身体探出窗外或阳台,防止不慎发生坠楼危险。

(4) 防挤伤。在开关教室门窗、柜子时,动作要轻,防止发生挤压伤害。

任务二　实训室 8S 管理

劳模风采

胡立春:执着敬业融于行动

胡立春,全国五一劳动奖章获得者,现就职于中铁十六局地铁公司昌平二期项目部,是一名电工师傅。在多年平凡枯燥的一线工作中,他兢兢业业、埋头苦干,将安全放在第一位,从未出现任何纰漏。他参加建设的北京地铁十号线六标工程获全国文明安全样板工地称号。他吃苦耐劳,善于钻研,是一名精通电气焊、设备维修、钳工等工作的电气技术专业能手。他运用所学专业知识为施工节能做出卓越贡献,设计改进了方便美观的隧道照明支架,设计了安全简单实用的吊钩保险卡等,积极应对地铁隧道施工的恶劣环境和超额工作量等难题,储备技术能量,提高维护技能,当隧道发生紧急重大事故时,迎难而上,攻坚克难。平凡孕育高尚,细小昭示博大。胡立春凭着对工作高度负责的态度和执着敬业精神,把对地铁建设的一片赤诚融于行动,深深地感染和激励着身边的每一位同事,也为自己赢得了极高的荣誉。

胡立春(左一)

劳动目标

1. 掌握 8S 管理的内容,养成良好的工作学习习惯。
2. 通过劳动实践,达到专业岗位的技能要求。
3. 熟知实训室安全管理制度,提升职业素养,增强安全劳动意识。

8S 管理

一、劳动准备

（1）学习实训室 8S 管理制度和实训任务的具体要求。8S 管理是一种管理模式，8S 是指整理（SEIRI）、整顿（SEITON）、清扫（SEISO）、清洁（SEIKETSU）、素养（SHITSUKE）、安全（SAFETY）、节约（SAVE）和学习（STUDY）。

（2）根据具体实训目标及内容，按照 8S 管理中整理、整顿的要求，做好相关设备、器械的准备工作。学生在教师的指导下，了解实训设备的技术性能及工作原理，掌握实训设备的操作规程，明确实训要求及目标。

（3）做好安全防范。按照实训安全标准穿戴相关劳保用品，对设备运行过程中可能产生的意外情况做好预防及应急处理预案，及时发现安全隐患或其他问题，详细记录，并迅速报告。

二、劳动开展

（一）劳动时间、地点

每学期，有教学安排的实训教室或企业实训基地。

（二）劳动过程

（1）提前联系实训老师，并熟悉了解将要实训的内容。

（2）开展实训任务。在实训教师指导下，合理合规正确操作设备，遵守设备操作要求，尽量避免重复和错误操作，尽量减少成本消耗。设备使用完后，按要求对设备进行简单的维护。

（3）整理整顿实训设备。将实训物品分类整理，有用物品清点数量，定量、定置摆放，无用物品经教师确认后，按照相关处理标准进行废弃物处理。

（4）清扫清洁实训室。根据实训室清扫清洁规范，擦拭实训台、黑板、工具箱、置物架等，清扫拖洗地面，倾倒垃圾等，定期对实训室进行清洁维护，保持实训室内环境卫生。

（5）填写实训室日志。按照 8S 管理要求，填写实训设备使用维护及整理整顿情况、实训用品耗损数量、实训室清扫清洁情况、实训内容、职业素养等内容。

三、劳动安全注意事项

（1）遵守实训室（实训基地）管理规章和安全守则，规范着装。

（2）掌握设备使用与维护方法，严格遵守设备操作规程。

（3）整理整顿设备时，须注意安全，并按设备初始位置及状态进行复位。

（4）清扫实训室后要对照标准检查，规范填写实训日志。

任务三　学校大棚堆肥劳动

劳模风采

李光庆:人满七十,粮过三千

　　李光庆,湖南省桃源县人,全国劳动模范,中国农学会理事。"人满七十,粮过三千",这原本是一个普通农民简单而朴素的梦想,却成为二十世纪六七十年代令全中国人都为之振奋的豪言壮语,并曾占据了《湖南日报》《人民日报》及新华社等媒体的头版显著位置。这看似平常却意味深长的话,便出自李光庆之口。李光庆率先探索总结出的"麦—稻—稻"三熟高产复种制,在改革开放前期为农户的科学种田提供了帮助,他将三熟制的主要生产经验总结为:自力更生办肥,坚持科学用肥。在当时的生产条件下,李光庆能取得这样的重大科研成果,可谓历尽千辛万苦,而其总结出的六步堆肥方法,也给我国的农业生产带来了长久而深远的影响。

李光庆

劳动目标

　　1. 了解和认识农作物种植中科学堆肥的重要性与必要性。

　　2. 掌握堆肥相关知识和劳动操作技术,学会可堆肥垃圾的有效处理方法。

　　3. 积极参与堆肥实践,树立环保意识,养成变废为宝的良好习惯。

　　4. 通过堆肥劳动实践活动,获得劳动自豪感与社会责任感,能够主动将堆肥技术用于学校大棚农作物种植活动。

一、劳动准备

（1）学习堆肥技术。提前查阅相关资料,学习堆肥基本知识和技术。

（2）选定劳动区域。提前组织学生到堆肥区踩点,选择合适的实践地点。

（3）准备堆肥材料。提前收集厨余垃圾(菜根、菜叶、果皮、果渣、咖啡渣等)、落叶或草屑、泥土,购买 EM 菌糠或肥土菌。

（4）准备堆肥工具。如秸秆粉碎机、铁铲、斗车、扫把、竹棍、塑胶手套、剪刀、口罩、黑色塑料薄膜等。

二、劳动开展

（一）劳动时间、地点

春夏时节,学校的劳育基地。

（二）组织分工及岗位职责

（1）材料准备小组。负责堆肥材料的收集、预处理以及堆肥工具的分发。

（2）堆沤小组。负责堆肥区的选择、堆肥具体操作。

（3）清扫小组。负责场地的打扫、工具清点工作。

（三）劳动过程

（1）材料及工具准备。收集落叶、杂草(或草屑)、果蔬皮等厨余垃圾。

（2）堆肥材料预处理。将厨余垃圾中的大物或杂物拣出,只保留果蔬皮、蛋壳等材料,沥干水分并粉碎。将落叶剪成边长为 3 至 5 cm 的小块。

（3）选取堆肥区域,挖好堆肥地基。选定合适区域,用锄头或铁铲在地面挖出20 cm 深的十字沟,放入 4 根导气竹棍。

（4）堆垛。先铺上 10 cm 厚的粉碎后的落叶或秸秆,再铺上果皮、菜根或咖啡渣等(约 10 cm 厚),加 EM 菌糠或肥土菌,再铺一层泥土(约 10 cm 厚)。每隔 10 cm 厚度便在堆肥材料表面均匀地喷上适量发酵糠和肥土菌,再将果皮、落叶、菌土等层层堆叠成小丘。

（5）密封。将肥垛最外层用泥土覆盖,覆盖塑料薄膜密封,并做好堆肥标签记录。

（6）清扫整理。清扫劳动区域内的垃圾,收齐、清点劳动工具。

三、劳动安全注意事项

（1）使用工具前检查工具的完好性、安全性,了解、掌握正确使用方法。

（2）秸秆粉碎机需要专人学习并按要求操作,注意操作流程。

（3）劳作时,注意佩戴好个人防护用具,如手套、口罩等。

（4）学习其他一般性劳动健康及安全方面的知识,如田间劳动注意防蛇、防虫、防蚁、防蚊。

项目三 社会生活劳动

任务一 "爱心托管班"陪护服务

劳模风采

杨爱华：为留守儿童撑起成长蓝天

多年前，"打工潮"在中国兴起。人们在走出大山打工致富的同时，却没有意识到，留守儿童问题会成为社会无法承受之痛。湖北省利川市毛坝乡的杨爱华看到家乡留守儿童的教育和管理成了一大难题，便于2003年8月创办了蓝天儿童托管中心。创建之初，由于收费低，她入不敷出。为了孩子，她咬牙坚持下来。多年来，她以细致入微的服务、博大的爱心，先后托管留守儿童千余人次，被授予优秀共产党员、湖北省劳动模范、全国劳动模范等荣誉称号。她所开办的蓝天儿童托管中心被全国妇联授予"全国流动人口子女、农村留守儿童"示范学校。她的事迹被写进由湖北省教育厅主编的《有爱就有幸福》一书。

杨爱华（中）

劳动目标

1. 帮助社区双职工家庭、特殊困难家庭子女及留守儿童度过一个安全、充实的假期。

2. 培养"服务社会，完善自我"的精神。

3. 提高社会实践能力，加强对留守儿童问题的社会关注。

一、劳动准备

（1）与社区协调对接。通过与当地街道办公室负责人对接，联系愿意参加"爱心托管班"的家庭，了解孩子的学习情况及平时的兴趣爱好，并确定本期托管班学生人数。根据学生人数，确定每天值班志愿者人数。

（2）志愿者招募。通过班级宣传、微信公众号信息推送、展板海报展示等多种宣传方式，从志愿加入活动的人员中选出能力强、责任心强、有爱心、乐于奉献的同学 10～15 人。

（3）团体培训。开展研讨会，邀请有相关经验的同学就活动开展传授经验，设计每日陪护的活动内容。

（4）开展安全教育，学习相关注意事项及知识。

二、劳动开展

（一）劳动时间、地点

每年暑假期间，学校附近的社区。

（二）组织分工及岗位职责

（1）外联小组。负责联系街道、社区负责人以及参加暑期托管班的家长，做好活动外部沟通工作。

（2）课程设计小组。除每日的自习辅导外，负责托管班要开展的课堂活动安排，可从"德智体美劳"五个方面，进行教育活动设计。如手工课、安全知识讲座、科学知识讲座及简单的体育活动。

（3）策划小组。做好活动策划、活动过程记录、拍照以及后期活动资料整理宣传工作。

（4）志愿者小组。可根据有意参加托管班的学生人数，每天安排 2～4 名志愿者进行轮流陪护服务。其中，每组可根据志愿者的特长，从学业辅导、文艺技能、体育技能等方面进行分工，负责值班当天的课堂活动开展。

（三）劳动过程

（1）召开主题班会，与托管学生（儿童）互动交流，了解其情况。

（2）小组成员依据分工和工作计划，开展每日托管班陪护工作。活动开展期间，以电话回访及现场沟通等方式，通过家长了解孩子参加托管班后各方面的情况，并征集各位家长的建议，及时进行陪护活动的改进调整，使托管服务顺利开展。

（3）做好活动开展过程中的拍摄工作，记录活动开展情况。

（4）劳动总结。活动结束后，了解家长及孩子的感受，听取建议反馈，开研讨会总结活动开展中遇到的问题及成功经验，形成总结报告，并做好活动开展所获成果的宣传。

三、劳动安全注意事项

（1）各小组成员在活动中注意交通安全。

（2）在活动开展过程中，严守纪律，注意形象，展现当代大学生良好的精神面貌。

（3）志愿者在辅导及教学过程中，要态度温和有耐心，进行户外活动或体育锻炼时，应注意安全事项讲解，做好防护措施。

任务二　防汛知识宣传志愿服务活动

劳模风采

王金法：不忘初心，为民服务

　　王金法，湖州市织里镇的一名退休干部，曾获"中国好人"、全国基层理论宣讲先进个人、浙江省道德模范等荣誉。1969 年，年仅 21 岁的王金法是原织里公社的一名机关干部，他主动申请担任兼职广播宣讲员，向农民宣传科技知识，宣讲相关政策。这一"兼"，就是 51 年。2008 年退休后，他全身心地投入宣讲岗位。退休后的十几年间，他坚持每天到村里走访，倾听民意、了解民生。"就是想为老百姓做点实事，只要我眼睛不花、耳朵不聋、腿脚还方便，老百姓还需要我，'王金法广播'就不会退休。"如今，年逾 70 的王金法依然用实际行动践行着"为人民服务"的初心。

王金法

劳动目标

1. 了解志愿（义务）劳动的性质和志愿者精神。
2. 将所学技能融入社会服务，培养劳动价值观和社会责任感。
3. 掌握宣传服务活动的开展流程及工作技能。

夏季安全
防汛知识

一、劳动准备

（1）明确实践任务。了解防汛知识宣传员的工作目标，明确劳动内容及活动开展注意事项。

（2）做好外部沟通工作。提前联系社区，说明活动目标及内容，获得社区志愿服务许可，确认好活动时间和地点。

（3）做好内部协调分工。动员召集志愿者，随后进行建组讨论，明确各小组工作分工，选出负责人一名。

二、劳动开展

（一）劳动时间、地点

夏季进入汛期前；学校附近的社区，或者离河湖较近、地势低洼的居民区。

（二）组织分工及岗位职责

（1）资料编写小组。负责宣传解说词编写，宣传海报设计。

（2）宣传解说小组。负责活动的宣传讲解设计、现场讲解工作。

（3）后勤保障小组。负责组织、策划和沟通，宣传资料的印制，劳动工具的准备、发放，现场布置，劳动工具的回收和清点工作。

（三）劳动过程

（1）根据活动主题，进行资料收集、准备。资料收集常用方法：①搜索引擎搜索；②观看浏览相应的应用平台；③阅读相关书籍、报刊；④向相关专业人员咨询。

（2）资料汇总。将收集的资料进行分类整理，明确活动宣传资料内容，进行分工。

（3）制作宣传资料。结合收集的资料编写宣传解说词（确定主题、简述防汛知识的意义，重点介绍防汛知识要点），进行宣传海报设计、宣传册设计。

（4）制订讲解方案。参看类似宣传活动案例，制订本次方案。方案要明确讲解主题、讲解目的、讲解时间、讲解地点、讲解形式、人员安排等，以及活动注意事项。

（5）现场宣传讲解。按照制订的方案，准时到达宣传地点，布置活动现场，开展宣传活动。宣传员通过分发宣传手册，结合海报讲解，让社区群众了解防汛知识。

三、劳动安全注意事项

（1）乘坐交通工具出行时，注意交通安全。

（2）做好劳动现场安全防护，如固定好条幅、宣传海报等，防止脱落砸伤人。

任务三　暑期红色研学社会实践活动

劳模风采

王传喜：乡村振兴的带头人

王传喜是山东省临沂市兰陵县下庄街道代村社区党委书记、村委会主任，党的十九大、二十大代表。他担任基层党组织书记二十多年来，率领村"两委"班子和党员干部加强基层组织建设，发挥党员先锋模范作用，筑牢乡村发展根基；团结群众发展现代农业，壮大集体经济，努力实现村民共同富裕；积极推动乡村有效治理，倡导文明新风，不断提升群众的获得感、幸福感。始终牢记共产党员的初心与使命，模范践行新时期沂蒙精神，干事创业、服务群众，他是在深入实施乡村振兴战略、决胜全面建成小康社会进程中涌现出来的时代楷模，是广大基层党员干部中的先锋模范，是懂农业、爱农村、爱农民的优秀干部代表，曾先后获得全国劳动模范、全国优秀共产党员等荣誉称号。

王传喜

"忆乡拾"
之旅

劳动目标

1. 了解当地农村文化、产业发展状况,认识到文化、产业兴旺对乡村振兴的带动作用和重要意义。

2. 通过调研实践,发现乡村发展存在的问题并思考解决方案,提高学生分析、解决实际问题的能力。

3. 通过探访红色旧址,让学生了解、热爱红色文化,积极投入到红色文化传承中,在劳动实践中培养历史责任感和使命感。

一、劳动准备

(1) 确定调研实践主题、调研目的、实践时间地点、调研方法,做好调研计划方案。

(2) 安排人员事先踩点或电话联系当地相关人员征得同意,明确路线。

(3) 确定参加实践人员,召开会议,交代活动内容及注意事项。

(4) 组织参加实践人员安全到达目的地,做好安全教育与劳动纪律管理。

(5) 准备好物资,如防护工具(雨伞、帽子、口罩和手套等),应急药品(创可贴、藿香正气水、驱蚊液、云南白药等),其他用具(摄像机、宣传册、实践团旗帜、标语横幅等)。

二、劳动开展

(一) 劳动时间、地点

7～8月暑期,乡村。

(二) 组织分工及岗位职责

(1) 活动策划小组。负责活动路线制定与活动内容策划工作。

(2) 后勤小组。负责活动期间各类突发事件的应急处理工作,做好活动物品准备、保管工作。

(3) 宣传小组。负责活动过程中的信息收集记录、图片及视频拍摄、宣传稿编写等。

(三) 劳动过程

(1) 装备整齐到达指定实践地点,走访当地负责人及群众、发放调查问卷,以及参观相关实践基地和场馆。

(2) 每天按计划完成相应任务,做好资料收集、图片拍摄、实践活动记录。

(3) 当天及时总结汇报。对调研问卷及其他资料及时进行收集、汇总、分析,提炼相关问题。

(4) 对活动进行总结(资料汇总、问题提炼、解决方案研讨),撰写实践报告及实践心得。

三、劳动安全注意事项

(1) 参加劳动前,了解相关劳动注意事项,严格按照有关人员的示范,并在他们的指导下进行劳动。

(2) 参加户外劳动时,及时关注天气变化,做好行程安排。

(3) 在户外不随意采摘野果食用,以免食物中毒。

(4) 注意在指定区域内活动,不随意四处走动、游览,防止意外发生。

模块七 生产劳动

项目一 农业生产劳动

任务一 植树节植树活动

劳模风采

唐希明：沙漠守望者，将漫漫黄沙变为绿洲

　　唐希明，宁夏中卫人，毕业于西北林学院。参加工作三十多年来，他勤学钻研，恪尽职守，带领干部、职工及周边群众一直从事治沙造林工作，治沙面积达到百万亩。他发明的"水分传导式精准型沙漠植苗工具"，为国家节省资金达六千余万元，使得沙漠造林成活率达到了85％以上，比过去提高了25％左右。在唐希明在内的四代治沙人的共同努力下，长久以来饱受风沙侵扰的宁夏中卫的西北部，已经形成了一道绿色屏障。在唐希明心中还有更大的目标："我要继续以科研团队合作的方式去推动更多治沙技术、治沙模式的创新和推广，在'三北'工程攻坚战中再立新功，为创造新时代防沙治沙新奇迹贡献更大力量。"

劳动目标

1. 能够认识植树造林的基本工具，了解作业流程。

2.能够掌握植树造林的操作技能,并开展相关工作。

3.了解植物病虫害防治技术。

4.开展劳动实践,增强生态文明意识、专业与实践相结合能力以及劳动实践动手能力。

植树

一、劳动准备

(1)学生安全到达植树地点,并加强劳动纪律和安全规范学习。

(2)事先明确植树造林中各种不同的劳动任务,根据任务进行人员、片区的划分,根据任务需要组建团队,选出组长1名。

(3)根据不同的任务准备相应的材料,包括树种、锄头、铁锹、水桶、水、草绳、肥料、防护用品等。

二、劳动开展

(一)劳动时间、地点

3月12日是我国的植树节,植树节前后一周均可开展植树节主题活动,最好选在阴天或降雨前进行。

地点可选择农村、林场、义务植树基地或校园植树预留地进行种植。一般当地会有征集到的若干个义务植树基地,以方便当地机关、企事业单位和广大干部群众参加义务植树和绿地树木管护认养、捐资认建等活动。如重庆市绿化委员会办公室公布的义务植树基地覆盖了全市绝大部分区县,其中主城区的分布情况为:江北区设有江北区义务植树基地,沙坪坝区有海石公园基地和南杨苗木基地,此外南岸区、北碚区、重庆高新区、渝北区、巴南区也均设有植树基地。

(二)组织分工及岗位职责

(1)策划小组。负责活动的组织与策划工作;负责做好活动期间各类突发事件的应急处置工作;做好活动物资的制作和准备工作;确定参与植树活动人员的名单并负责签到;安排专人做好活动现场的拍照记录。

（2）后勤小组。负责树苗的选定及运输;负责工具的准备、发放、回收和清点;负责对植树小组的成果进行验收和善后。

（3）植树小组。整个组按每2人为一个单位,A负责挖坑、培土,B负责栽种和浇水。注意:每组二人要加强合作,特别是在要保持树干的垂直状态时必须协作。

（三）劳动过程

（1）种植地选择。植物需要充足的水分、阳光以及适宜的温度,要充分考虑不同树种适合生长的范围。

（2）苗木选择与处理。选择品种优良、符合国家标准且无病毒的壮苗。选择好苗木之后,提前24小时用清水兑生根粉溶液浸泡其根部。

（3）整地。挖宽1 m、深80 cm的定植沟,生、熟土分开放,按有机肥50 g/株、过磷酸钙1 kg/株混合作为底肥,取其2/3与熟土混合填入沟底,1/3与生土混合将沟填平,浇水沉实。

（4）定距刨坑。根据树苗的大小挖深30 cm、宽50 cm的小坑,将树苗垂直放入坑底,苗木接口须与地面平齐。注意定距刨坑须根据树种、栽培条件、植株株型等选择种植密度,合理密植不仅能有效提高树苗的成活率,还能提高土地的利用率。

（5）回填定植。将苗木植入定穴后,须回填适量的土壤进行定植,回填土量一般以与地面持平为宜,且须埋实,并做好排水沟,避免积水。

（6）浇水灌溉。须根据种植当天土壤的干湿程度决定浇水量,让植株根系与土壤充分接触。土壤以手试之,用手挤压渍水或无水浸出有湿痕就无须再浇水;若可挤压成各种形状无湿痕,则只需浇少量的水;若仅有凉感,则须浇透水。

（7）结合指导教师提出的指导性意见与建议做好总结,并认真做好教师安排的课后作业。

三、劳动安全注意事项

（1）佩戴个人防护用具,如手套。

（2）检查工具的安全性,防止意外脱落。

（3）严禁携带火种参加植树活动,做好作业现场安全防护。

（4）了解各类工具的使用安全要求。

（5）学习一般性劳动健康与安全知识。

任务二 大学生"三下乡"

劳模风采

田作林:带领乡亲诠释"幸福是奋斗出来的"

　　田作林,黑龙江七台河市勃利县青山乡奋斗村党支部副书记、勃利县田园音乐葡萄种植专业合作社理事长。作为新型现代职业农民,他于2012年返乡创业,建设大棚栽培温室葡萄"黑甜甜",成立了勃利县田园音乐葡萄种植专业合作社。合作社历经8年的"强筋健骨",目前发展成为一个集葡萄、甜糯玉米种植、加工、销售,有机蔬菜种植、采摘、观光、旅游,家禽养殖、餐饮娱乐、民宿体验、电子商务等为一体的田园综合体。田作林带领村民发展绿色食品种植及特色乡村旅游,奋斗村先后荣获全国一村一品示范村、全国互联网应用示范村、全国乡村旅游重点村、全国美丽休闲乡村,田作林也成为响当当的致富能人、七台河市人大代表、勃利县政协委员。他说成为人大代表更要履职尽责,发展好鲜食玉米产业和田园综合体,带领乡亲共赴小康路。2020年,田作林被授予全国劳动模范、全省脱贫致富农民带头人等荣誉称号。勃利县青山乡奋斗村在田作林的带领下,已成为一个环境美、生态优、村风正、民风淳的文明和谐新农村。田作林用实际行动诠释了"幸福是奋斗出来的"的道理。

劳动目标

1. 能够认识农村播种、收割、养殖等劳动的基本工具和劳动流程。
2. 能够掌握农村各类劳动的操作技能,并开展相关工作。

3. 了解农业耕种、收割工具的变迁，了解未来农业耕种、收割作业的发展趋势。

4. 开展劳动实践，出力流汗，在志愿服务中增强劳动责任感和使命感。

一、劳动准备

（1）学生安全到达目的地，加强劳动纪律和安全规范学习。

（2）事先明确各种不同的劳动任务，根据任务进行人员的划分，根据任务需要组建团队，选出组长 1 名。

（3）根据不同的任务准备相应的用具和物品，包括镰刀、收割机、脱粒机、晒谷耙、剪刀、收纳袋、收纳筐、拖拉机、个人防护用品等。

（4）选定安全的工作环境和场所。

（5）提前准备好运输、贮存设施设备。

二、劳动开展

（一）劳动时间、地点

7～8 月暑假时期实施大学生暑期文化科技卫生"三下乡"社会实践活动，一般选择就近的农村进行，建议选择夏天及劳动项目多的地方，便于开展丰富多样的劳动活动。

（二）组织分工及岗位职责

（1）保障小组。负责组织、策划和沟通；负责做好各类突发事件的应急处置工作；负责做好劳动工具的准备、发放、回收和清点工作；负责对稻田进行检查，确认有无遗漏。

（2）收割小组。负责收割水稻，捆扎成束，运输到打谷场打谷，把脱粒之后的谷子运到晒谷坪去晒干，处置剩下的禾秆。

（3）打谷小组。负责操作打谷机进行脱粒，将谷子从水稻上打下来。

（三）劳动过程

（1）工具准备。收割水稻，用的是镰刀，如果没有一把好的镰刀，那么收割工作将无比劳累。镰刀手柄太长会增加整体重量容易累,太短了却使不上劲,所以手柄长度一般以 50 cm 左右为宜。还要处理好镰刀的刀口,太粗一刀割不断,太细薄容易卷刀刃。

（2）正式收割。进入稻田后,目测自己的收割区域,一般是按"矩形"整列收割。收割时根据自己的手型、手量酌情收割,抓住一把水稻后,镰刀对准水稻根部 15 cm 左右的部位收割,割倒的水稻要放置平整。如果水稻还有点返青,则需要继续放在田里晾上 1 天左右。

（3）捆扎成束。将割下来的水稻捆起来,用扁担挑或用小推车、拖拉机运到脱粒点,进行集中打谷。

（4）机器脱粒。向当地农民学习机器脱粒技术,在保证安全的前提下将收割组收回来的水稻进行脱粒。

（5）晾晒谷物。天气晴朗时,将脱粒之后的谷子运到晒谷坪去晒干,使用完整的收纳袋、收纳筐,以免沿途撒漏。谷子应平摊在安全、集中的晒谷坝上晾晒,因为谷物含有的水分多,堆放会发霉,可借助晒谷耙将谷堆摊开。

（6）处置禾秆。将脱粒后剩下的禾秆捆扎起来或堆成稻草堆,这些禾秆可以用来烧火或者直接返回田里做肥料,统一收纳有助于管理。

三、劳动安全注意事项

（1）佩戴个人防护用具,如手套、口罩等。

（2）检查工具的安全性,防止意外脱落。

（3）注意劳动现场安全防护。

（4）熟悉各类工具的使用安全要求。

（5）学习一般性劳动健康与安全知识。

任务三　家 禽 养 殖

劳模风采

郑培坤:做大养猪业,带富一方人

郑培坤,2005 年从华中农业大学动物医学专业毕业,毅然放弃丰厚的待遇返乡创业,凭借丰富的养猪经验,他反哺家乡,通过科学养猪成就了一番事业。他富而思源,不忘乡邻,成立养猪专业合作社,不断扩大养殖规模、打响品牌,带领乡亲养猪脱贫致富,荣获"全国劳动模范"称号。

郑培坤

劳动目标

1. 掌握家禽养殖的基本流程。

2. 熟悉家禽养殖工具,学会基本的操作方法。

3. 了解集约化、规模化家禽养殖业的自动化水平。

4. 了解养殖业未来发展趋势。

5. 充分认识从事畜牧业的艰辛,尊重畜牧养殖业人员。

一、劳动准备

（1）安全到达目的地,加强劳动纪律和安全规范学习。

（2）明确劳动任务,进行人员分工,根据任务需要组建团队,选出组长 1 名。

（3）准备个人用品,包括一次性鞋套、手套、防护帽、防护服等。

（4）准备工具,包括注射器、钢丝网、塑料网、木板条、水桶、水瓢、饮水器、料桶、粪板、饲料、电子天平、电解多维、3％来苏尔溶液、三氯异氰尿酸烟熏剂、电动断喙器、疫苗等。

（5）选定安全的工作环境和场所。

二、劳动开展

（一）劳动时间、地点

雏鸡最适合在春季养殖。春季气温逐渐回升,是育雏旺季,所以建议春季在规模化养禽场开展家禽养殖的农业劳动。

（二）组织分工及岗位职责

（1）保障小组。负责组织、策划和沟通;负责做好各类突发事件的应急处置工作;负责做好劳动工具的准备、发放、回收和清点工作;负责对雏鸡进行检查,确认有无遗漏。

（2）环境小组。负责各自片区育雏室的打扫、搭建网床、摆放用具,对育雏室进行熏蒸消毒。

（3）育雏小组。负责带雏鸡进场,调整雏鸡饮水,为雏鸡开食,为雏鸡断喙,进行免疫接种和粪污处理。

（三）劳动过程

（1）布置育雏室。用扫帚清洁育雏室的地面、墙壁和天花板，将饮水器、料桶、粪板等用具移至室外，使用水枪由上至下、由内至外冲洗干净，并用 3% 来苏尔溶液等进行喷洒消毒。使用钢丝网、塑料网、木板条等材料搭建距离地面 50 cm～60 cm，宽大约 2 m 的网床。待晾晒的饮水器、料桶、粪板等用具干燥后移至室内，在网床内放置禽用饲料筒和饮水器，网床上方安装保暖用红外灯泡，网床下方放置粪板。密闭好门窗，按照三氯异氰尿酸烟熏剂使用说明书，采用熏蒸法进行消毒。24 小时后即可打开门窗通风，排除药味。

（2）育雏防疫。选取 1 日龄雏鸡引进育雏室，调整雏鸡饮水，为雏鸡开食、断喙，做好免疫防疫工作。

（3）粪污处理。将粪板抽离育雏室，使用刮板将粪污刮取下来，使用流动水冲刷粪板后用 3% 来苏尔溶液消毒处理。将废弃物原料堆置成条型进行堆肥发酵。

三、劳动安全注意事项

（1）佩戴个人防护用具，如手套、口罩等。

（2）检查工具的安全性。防止意外脱落。

（3）注意劳动现场安全防护。

（4）了解各类工具的使用安全要求。

（5）学习一般性劳动健康与安全知识。

项目二　工业生产劳动

任务一　专业实训劳动

劳模风采

董宏杰：二十余年匠心坚守，打破国外技术垄断

董宏杰，从压缩机行业的"门外汉"到这一领域享受国务院特殊津贴的人才，凭着一股子钻劲和韧性，带领团队攻克了一道又一道技术难关，一举打破了国外高端压缩机长期垄断的局面，生产出走向国际市场的拳头产品，实现产值超过 6 亿元。董宏杰根据多年经验设计了一种特殊刀具，加工同样的产品只需 2 小时，工作效率提高 28 倍。随后，他的另一项创新成果"连杆螺钉孔自制工装"获得了第三届"蚌埠市职工创新"特等奖。尽管取得了诸多"第一"，50

多岁的董宏杰至今仍扎根于生产一线,坚持在平凡岗位上破解生产难题,成为压缩机行业数控操作领域的一面旗帜。

劳动目标

1. 认识传统机械加工制造在生产生活中的重要性。
2. 了解传统机械加工制造的生产过程、操作技能与方法、工艺流程。
3. 了解传统机械加工制造的发展史及今后的发展趋势。
4. 了解我国璀璨的工艺史。
5. 体验现代生产工具的优越性,认识到改进生产工具的必要性。

一、劳动准备

（1）学习传统机械加工制造业生产工具的分类等相关知识,了解传统机械加工制造的生产工艺、操作流程,掌握有关传统机械加工制造过程中的注意事项、操作规范。

（2）提前联系好生产场地,并学习传统机械安全生产的纪律要求。进行分组,每组一般不超过 10 人,选定组长 1 名,督促学生做好专业技能帮扶的相关理论与实践准备。

（3）根据不同任务准备相应用具和物品,包括个人防护用品、劳动作业用品、生产制作工具以及理论资料等。

二、劳动开展

（一）劳动时间、地点

打铁没有特定的时间限制,但最好不要在炎热的夏季开展此项劳动活动,以免中暑;地点必须选择安全的生产场地,可就近选择规模较大、安全资质完备的铁匠铺。

（二）组织分工及岗位职责

（1）策划组。负责活动的组织与策划工作；负责做好活动期间各类突发事件的应急处置工作；做好活动物资的制作和准备工作；协助教师收取同学们提交的书面劳动总结。

（2）打铁组。大多数同学都在打铁组，根据场地的大小、设备的多少分小组，建议 2 人搭档进行作业，比如将铁块填入炉灶和从中取出，拉动风箱手柄鼓风来烧旺炉火，均可以让 2 人搭配进行。

（三）劳动过程

（1）挑料。挑选好的铁料可以节省烧料的煤炭和锻打时间。可联系加工点提供，老师带领学生通过目测与手掂来挑选合适的铁料。

（2）烧料。挑好铁料后，填入炉灶里，来回拉动风箱手柄鼓风烧旺炉火（现在大多使用鼓风机替代，节省人力）。手握长柄铁钳夹住铁料翻动，使铁料充分受热、软化。

（3）锻打。将加温到一定程度的铁料夹到铁墩上，举锤敲打。若打制的是小件器具，一人就可拿着小锤反复敲打定型。若是大件器具，须两三人抢大锤轮流敲打。

（4）定型。锻打后的铁料逐渐失去火红的颜色和原来的温度，可再次将铁料填入火塘里烧料。定型须多次重复，直到初具成品模样。

（5）抛钢。只要是刀具之类的器具都要抛钢。而钢料下在刀具上的多寡与均匀度，往往成为顾客评定该刀具好坏的标准。抛钢有两种方法——明钢和暗钢。所谓明钢，是在刀具的关键部位——刀刃上用钢全部包裹了铁料；所谓暗钢，是在刀刃的部位将钢与铁混杂敲打在一起。

（6）淬火。打制铁器过程中，定型和抛钢两道工序都夹杂着淬火这一工序。铁器好不好，火候的掌握和冷却是关键。淬火时，常用的冷却介质有盐水、清水和油三种，而被采用最多的是普通的凉水。锻好的铁件放入水内，热气腾起即可将之取出。淬火时，须保持铁器具备足够的温度。有些经验丰富的铁匠会在普通水里淬火之后，加温后再度放入盐水里淬火，以增加铁器的光泽度。

（7）回火。锻件淬火后硬度变高了，但脆性大了，容易变形，甚至会断裂，可将之重新放回火炉加温来调整硬度。

（8）泽油。所谓泽油，就是在铁器回火后趁高温尚存，迅速夹块猪肉（或直接用植物油，甚至猪皮也可以），将其贴到器具上反复摩擦，铁器的高温使其渗出猪油，将油涂抹在器具上，既有助于提高光泽度，又能使得器具长时间不生锈。

（9）活动指导。教师针对学生完成志愿服务劳动的情况进行检查、指导，并有针对性地提出问题与建议。

（10）活动总结。学生对老师的专业指导进行反思，针对劳动时出现的问题进行思考与完善，书面提交志愿服务劳动总结。

三、劳动安全注意事项

(1) 佩戴好个人防护用具,如手套、口罩、面罩等。

(2) 检查工具的安全性,防止工具意外脱落。

(3) 做好作业现场安全防护。

(4) 熟悉各类工具的使用安全要求。

(5) 学习一般性劳动健康与安全知识。

任务二　岗位实习劳动

劳模风采

巴根纳:为中国人喝好奶而创新

　　在伊利集团,有这样一根"科研顶梁柱":他拥有几十项国家授权发明专利、实用新型专利,并荣获国家优秀专利奖;他承接了国家专项课题和呼和浩特市的重大科技专项计划项目,让国内外同行竖起大拇指。他就是伊利集团液态奶事业部研发部总监巴根纳,是全国劳动模范及内蒙古自治区劳动模范,2017 年入选内蒙古自治区"321"人才工程,2018 年获得内蒙古自治区"草原英才"荣誉称号。从 1999 年踏入乳品行业以来,巴根纳就和乳品创新结下了不解之缘:"舒化奶""QQ 星儿童成长奶""酪蛋白磷酸肽、维生素 E、维生素 C 等原料扩大使用范围国家标准的修订工作""农牧交错区奶业现代化生产技术集成与产业化示范"课题子项目,一项项响当当的科研成果都是在巴根纳的参与或主持下诞生的。"伊利舒化奶"更解决了困扰很多人的"乳糖不耐受"问题,从产品研发到最终面市经历了长达 4 年的艰苦攻关,从根本上解决了我国健康饮奶这一项关键技术难题。巴根纳说:"创新,给了我们更多前进的动力。"如今,巴根纳和他的团队正大力响应着时代的号召,让创新不断成就企业的未来,他坚守一线,躬耕不倦,为生产一杯好牛奶而不懈努力,为中国人喝好奶而不断创新。

劳动目标

1. 理解食品加工劳动的意义,认识食品加工行业发展历史及现状。

2. 了解一些基础性食品加工劳动工具和基本加工工艺。

3. 在加工实践中掌握基本加工操作技能。

4. 学习掌握中华传统食品加工技能,感悟其内涵和古人的智慧,体会其中蕴含的中华民族文化和匠心。

粽子的诞生

一、劳动准备

(1) 了解各类食品加工行业,学习从事食品加工业须了解的有关健康与安全的法律、法规。专项学习手工粽子加工的基本流程和操作方法。

(2) 提前准备好手工粽子加工生产场地,组织学生学习安全生产的纪律要求。

(3) 准备材料,包括剪刀、勺子、盆等工具,粽叶、糯米、肉、蜜枣、板栗、蛋黄、盐、酱油、白砂糖、扎线等。

二、劳动开展

(一) 劳动时间、地点

端午节吃粽子是中国人几千年来的传统民俗,所以最好是在端午节前包粽子。

地点可以选择校内食品加工场地,或者校园食堂宽敞的区域。

(二) 组织分工及岗位职责

(1) 材料组。负责活动的组织与策划工作;负责做好活动期间各类突发事件的应急处置工作;做好活动物资的准备工作。

(2) 加工组。大多数同学都在加工组,根据场地的大小、教师数量分小组,负责手工包粽子。

(3) 熟食组。负责将包好的粽子煮熟。

(三) 劳动过程

1. 材料准备

(1) 肉。提前一天将五花肉或梅花肉清洗后,切成边长 3～4 cm 的方块,放入适量盐、白砂糖、老抽、生抽等调料调味,拌匀并放入冰箱冷藏,腌制入味。

(2) 蜜枣。将蜜枣装入碗内,蒸软取出,趁热去核。

(3) 糯米。提前 3～4 小时将糯米浸泡后捞出,控干水分,放入盆中。如要做成咸味的粽子可根据个人口味在糯米中放入适量老抽上色,再加入适量盐拌匀腌制。甜味粽子无须放老抽,可在糯米中放入少量白砂糖。

(4) 粽叶。放入锅中用水煮软后再用刷子清洁干净。

2. 粽子加工

(1) 挑选一片粽叶,从中间向下对折成漏斗状,注意不能有缝隙,再放入少量糯米。

(2) 放入腌制好的肉或蜜枣等馅料,在馅料上面覆盖一层糯米,注意馅料不要太多,否则很难将其包起来。

(3) 用粽叶紧紧包裹内馅、按紧压实。一只手握紧粽叶,另一只手将覆盖在上面的粽叶往下折,折出一个不会露馅的小角,并将多余的叶子顺着粽身折到另一面,注意全程要压紧粽子。

(4) 用扎绳将粽子包起来,每一圈都要绕紧,否则煮的时候内馅容易露出来。

3. 粽子煮熟

将包好的粽子放入锅里,在锅中放入冷水,然后用大火煮 2～3 小时,再用小火焖一会儿。在煮的过程中一定注意水要淹没粽子,否则未浸到水里的部分就无法煮熟。

三、劳动安全注意事项

(1) 接受一般性的食品加工业工作人员健康教育及安全教育。

(2) 工作进行前做好个人清洁,如仔细清洗手部、佩戴口罩等。

(3) 做好劳动工具的清洗、清洁工作。

(4) 做好刀具使用安全防护工作。

任务三 创新创业劳动

劳模风采

谢卫兵:创新永远在路上

谢卫兵,80 后高级工程师,现任一汽红塔云南汽车制造有限公司产品开发部副部长。由于从小对汽车的喜爱,他专注于学习汽车设计技术,获得软件著作权专利 5 项,发明专利 2 项,是轻型车研发领域的技术精英。先后荣获"曲靖市五一劳动奖章""中国一汽优秀员工""云南省劳动模范"等称号,2018 年享受曲靖市政府特殊津贴。2020 年 11 月 24 日,谢卫兵荣获全国劳动模范称号。

劳动目标

1. 能够了解创新思维的基本工具和作业流程。

2. 能够掌握运用思维导图工具,建立思考模式,绘制思维导图,开展相关创新思维训练。

3. 能够借助思维导图,发现创业机会,设计项目商业模式,模拟创业实践。

4. 充分认识脑力劳动的重要性,培养创新创业意识,科学用脑,创造价值。

一、劳动准备

(1) 提前一周观察或从其他渠道积累生活中出现的问题、较感兴趣的领域的产品或服务等。

(2) 安全到达研讨教室,加强劳动纪律和安全规范学习。

(3) 明确劳动任务,进行分组,一般 5～7 人为一组,每组选定组长 1 名。

（4）分配可活动桌椅、铅笔、彩色笔、记号笔、A4 纸、A3 纸等材料。

（5）组长带领各小组成员到达划定的区域，教师示范演示各类工具的使用和作业流程。

二、劳动开展

（一）劳动时间、地点

根据中国国际大学生创新大赛的时间，提前组织学生开展创新创业劳动。

根据人员数量选择研讨教室。

（二）组织分工及岗位职责

（1）根据创意确定工作团队，各项工作的主要负责人应对所负责工作的策划、风险评估、组织安排和结果负主要责任，在工作完成后及时总结并向团队报告。

（2）各项工作的部分负责人应积极参与所负责工作的各项内容，同主要负责人合作全程参与并完成该项工作中分配给自己的任务，在主要负责人因各自情况缺席该项工作时对该工作负主要责任，对该项工作的结果负部分责任。

（3）主要负责人和部分负责人应对共同负责的工作随时保持联系和沟通，保证信息共享、同心协力完成工作。

（4）各项工作的完成都必须服从平台的总体目标，全体成员都对其他成员所负责的工作有配合、支持的义务。

（三）劳动过程

1. 掌握绘制思维导图流程（手绘、XMind 软件）

一张成功的思维导图需要做到结构美（层级清晰、结构均衡、重点突出）、色彩美（配色协调）、线条美（灵动流畅）和图形美（图像恰到好处，活泼生动）。如果能做到以上这几点，不只是手绘，用软件也能画出完美的导图，实现思维逻辑的可视化呈现。

（1）思维导图绘制。

步骤一：准备一张 A3 或 A4 纸和粗细颜色不一的笔（多于 3 种颜色，白纸须横向摆放）。

步骤二：在白纸中央，用一幅图像或关键文字表达中心主题，周围留出空白。

步骤三：从纸的右上方两点钟位置开始，依照顺时针方向，用平滑的曲线将中心图像和主要分支连接起来，然后把主要分支和二级分支连接起来，再把二级分支和三级分支连接起来，依此类推，通常一个主要分支用一种颜色。

步骤四：在各分支按照思维流动方式，写上明显的关键词，通常选择名词或动词。

步骤五：按需求添加相关符号、图案等，关联知识添加箭头联系在一起，完成思维导图。

（2）思维导图软件操作——以 XMind 为例。

步骤一：从手机应用商店下载或 XMind 官网下载软件。

步骤二：新建导图。可选择主题模板新建导图，或在"图库"中创建，或在菜单栏的"文件"中创建等；当思维导图内容较多，已经影响其可读性的时候，可以新建一个

"画布",将思维导图的内容进行拆分,使其在不同画布上呈现;若想对导图进行色彩的美化,又不想在配色上花费太多时间,可以直接在画布的高级线形中开启"彩虹分支"。

步骤三:根据思维逻辑,确定思维结构和中心主题,点击创建节点,开始绘制需要的思维导图。

步骤四:在各分支按照思维流动方式,写上明显的关键词,通常选择名词或动词。

步骤五:按需求添加相关符号、图案等,通过添加箭头将关联知识联系在一起。

步骤六:在完成思维导图编辑后,可选择 PNG、PDF、TXT、Excel、Word 等文件格式保存文件。

2. 运用思维导图,初步形成创业想法

(1) 所有队员观察或从其他渠道积累,尽量多地留意生活中出现的问题、较感兴趣的领域的产品或服务等。

(2) 运用思维导图,对罗列出的问题、产品服务等,突破常规思维,运用发散、求异等思维方式,挖掘它们存在的缺陷和不便、重要但缺失的功能等,记录下来。

(3) 将上述识别到的内容汇总,与团队成员进行讨论,从中找出真正的痛点,并在思维导图中记录下来。

(4) 团队对上面所列痛点进行讨论、排序,列出前三位,运用思维导图,有针对性地思考每一痛点的不同解决办法,初步形成创业想法。

(5) 经过以上思考,能发现一些创业想法,接下来需要对它们逐一进行评价。评价参考问题如下:当前市场中没有被满足的需求是什么? 此需求的迫切程度如何? 此需求的目标群体是谁? 此项目运行过程中是否拥有所需具备的资源团队? 该创业想法令你和团队其他成员感到兴奋和激动吗?

(6) 经过创业想法的生成过程及评价后,发现并抓住真正适合团队执行的创业机会。

3. 运用思维导图工具,设计创业项目商业模式

围绕商业模式画布,包括客户、价值主张、渠道、客户关系、收入来源、核心资源、关键业务、合作伙伴、成本,运用思维导图工具,深入思考每一个分支。

(1) 客户。这是一个公司想要接触和服务的人群和组织,也就是我们理解的在为谁服务、为谁提供价值。客户构成了商业模式的核心。没有客户,就没有企业可以长久存活。

(2) 价值主张。这是企业为客户提供的产品或者服务。它解决了客户的困扰或者满足了客户的需求。须明确以下几个问题:该公司向客户传递了什么样的价值,帮助客户解决了什么难题,满足了客户哪些需求,提供给客户群体哪些产品和服务。

(3) 渠道。这是公司让客户接触到价值主张的方式。它分为销售渠道和传播渠道。需要明确公司通过哪些渠道接触到客户,销售渠道和传播渠道各是什么,渠道是如何整合的。

(4) 客户关系。指企业为达到其经营目标,主动与客户建立起的某种联系。从接触消费者到认同再到消费,最后形成良好口碑就是一种好的客户关系。

（5）收入来源。这是商业模式的动脉。包含通过客户一次性支付获得的交易收入和来自客户为获得价值主张与售后服务而持续支付的经常性费用收入。

（6）核心资源。这使得企业组织能够创造和提供价值主张、接触市场、与客户细分群体建立关系并赚取收入。关键资源包括人才、资本、市场和技术等。

（7）关键业务。这是企业得以成功运营所必须实施的重要动作。例如：市场调研、技术研发、市场营销、售后服务等环节，各个环节所带来的附加值并不一样。

（8）合作伙伴。需要明确谁是公司的重要伙伴，谁是公司的重要供应商，公司正在从合作伙伴处获取哪些核心资源，合作伙伴执行哪些关键业务等问题。

（9）成本。这是企业进行生产经营活动或达到一定目的，必须耗费的一定资源的货币表现。须明确最重要的固定成本是什么，哪些核心资源花费最多，哪些关键业务花费最多。

三、劳动安全注意事项

（1）做好作业现场安全防护。

（2）熟悉各类工具的使用安全要求。

（3）注意保洁安全。

模块八　服务性劳动

项目一　学校义务劳动

任务一　公共场所志愿服务

劳模风采

秦茂华:公益路上"爱"的奉献

公共场所
志愿服务

　　重庆江津,一座爱心满满的美丽滨江之城,活跃着一支由近万人组成的志愿者队伍。这支队伍的组织者,就是江津阳光社会工作服务中心的秦茂华。在志愿服务之余,秦茂华还将自己与团队多年的志愿服务经验进行梳理和整合,为志愿者进行志愿服务技能培训,让更多有爱心的志愿者,能够更好地理解志愿者精神,能够更好地参与志愿服务,帮助到更多需要帮助的人。

秦茂华(中)

劳动目标

1. 能够认识在学校开展志愿服务劳动所使用的基本劳动工具,了解基本作业流程。

2. 能够在学校开展相关志愿劳动作业。

3. 充分认识开展校园志愿服务劳动的重要性,能够奉献社会、提升自我,养成良好的劳动品质,牢固树立"劳动最光荣、劳动最崇高、劳动最伟大、劳动最美丽"的价值观。

一、劳动准备

(1) 根据内容与对象的需要,准备相关劳动工具,如手套、电脑、扫描仪等。

(2) 开展劳动纪律和安全知识的学习,师生集体前往图书馆。

(3) 教师示范演示如何开展志愿服务,让学生明确整个图书分类、上架等工作流程。

(4) 学生分工、分头开展志愿服务活动。

二、劳动开展

(一) 劳动时间、地点

每周三下午,学校图书馆。

(二) 组织分工及岗位职责

按图书馆志愿服务类别分为图书管理小组、清洁卫生小组和书籍维修小组。其中志愿服务成员每 5 人为一个小组,各个小组注意加强合作,维护书籍的完整性,同时确保图书馆内保持安静。

(1) 图书管理小组。主要负责图书整理,将学生归还或现场阅读过的书籍进行整理,按图书分类标准有序摆放到对应的架位上。

(2) 清洁卫生小组。主要负责图书馆的卫生清洁,保持图书馆地面干净整洁,桌子、椅子及时归位。

(3) 书籍维修小组。主要负责书籍的基本修复,对破损书籍及时进行上报处理,保证书籍完整。

(三) 劳动过程

(1) 在志愿服务劳动之前进行图书馆主体需求、实地情况调查,了解图书馆功能分区和运行流程。

(2) 聆听指导老师针对图书馆整理工作的技能与分类知识等方面的讲解,为即将开展的劳动进行必要的心理准备、技能准备等。

(3) 进行图书分类、整理上架等志愿服务劳动。在志愿服务劳动过程中,在指导老师的指点下,及时纠正操作不当的地方。

(4) 接受指导老师针对完成的志愿服务劳动进行检查、指导及有针对性的提问和建议。

(5) 志愿服务劳动之后,认真领会老师的专业指导意见,针对志愿服务劳动现场出现的突发问题进行思考,提交书面志愿服务劳动总结。

三、劳动安全注意事项

(1)佩戴个人防护用具,如手套、口罩、外套、面罩等。

(2)检查工具的安全性,高空作业时更要注意安全,防止发生意外。

(3)做好作业现场安全防护。

(4)熟悉各类工具的使用安全要求。

(5)学习一般性劳动健康与安全知识。

任务二 校园垃圾分类与整理

劳模风采

杨自会:退休不褪色,以传播雷锋精神为己任

杨自会,党的十七大代表,全国五一劳动奖章获得者。退休前,她是一名普通的环卫工人,早出晚归,勤勤恳恳,做着寻常的工作,操着不寻常的心。她把自己的青春奉献给了宜昌的公厕事业,被人们亲切地称为"宜昌公厕好管家",退休后,她是一名热心公益的志愿者,她的身影活跃在长江岸边捡拾垃圾的队伍中,她还时常奔走在机关、学校、企事业单位、社区,积极向社会广泛宣传垃圾分类、节约资源、爱护环境的理念。

杨自会

劳动目标

1. 深入了解垃圾分类的意义,从身边做起、从点滴做起,自觉科学地开展生活垃圾

分类,逐步形成垃圾分类的环保意识,养成珍惜资源、节约能源的生活习惯。

2. 培养垃圾分类、节能减排的意识。

3. 通过互动实践、自我学习、自我监督,让更多人了解垃圾分类并加入到垃圾分类宣传队伍中来。

4. 更加清晰地了解关于垃圾分类与减量的相关知识。

一、劳动准备

（1）提前联系学校后勤服务部门,主要在学校的宿舍、教室、实训基地等学校公共场所开展劳动。

（2）安全到达校园指定区域,加强劳动纪律和安全教育,发放劳动指导手册、工具使用说明等相关学习资料。

（3）明确劳动任务,划分劳动职责,进行分组,每组一般不超过 10 人,每组选定组长 1 名、宣传员 1 名,落实工作职责及劳动标准。

（4）分配劳动工具。不同颜色的、不同标识的垃圾桶、垃圾袋、手套、铁钳、纸箱、消毒水、打包绳子、电子秤、垃圾分类背胶小标志、垃圾分类投入记录手册、登记表。个人日常劳动所需的防护用具、防护用品。

（5）组长带领各小组成员到达划定的区域。认真学习劳动指导教师示范演示的各类工具的使用方法和应注意的问题,明确本次劳动的作业流程。

二、劳动开展

（一）劳动时间、地点

每周周三下午 1 点,学校校园、宿舍、食堂等场所。

（二）组织分工及岗位职责

根据了解到的相关信息,参加志愿服务劳动的学生,根据各自特点和工作需要进行分组安排,每组一般不超过 10 人,选定组长 1 名,督促学生做好劳动准备。全班可分为 5 个小组,分别为:可回收小组、不可回收小组、有害垃圾小组、厨余垃圾小组、积分统计小组。

（1）可回收小组。将可回收垃圾进行集中归纳和可回收利用。

（2）不可回收小组。将不可回收的垃圾进行归纳整理和处理。

（3）有害垃圾小组。将有害垃圾收集起来送去有害垃圾处理场进行处理。

（4）厨余垃圾小组。将食堂的厨余垃圾收集起来送去处理场进行垃圾回收处理。

（5）积分统计小组。负责统计其余小组收集的垃圾数量,并据此进行积分累加,评出优秀小组,对垃圾处理进行有效的督查。

（三）劳动过程

以宿舍整理垃圾回收志愿劳动为例。

（1）在志愿服务劳动之前进行宿舍实地情况调查,了解宿舍垃圾回收运行现状。

（2）聆听指导老师针对宿舍垃圾分类整理工作的技能与经验、操作方法、纪律与安全等进行的讲解，为即将开展的劳动进行必要的心理准备、技能准备等。

（3）明确劳动任务，定点分配各个楼层的劳动区域，确定各小组组长，确定当天的职责任务。

（4）根据任务分配情况，发放个人劳动防护用品、劳动用具，配备消毒液等。

（5）进行垃圾分类、整理等志愿服务劳动。在志愿服务劳动过程中，在指导老师的指导下，及时纠正操作不当的地方。

（6）在完成劳动任务时，各小组要如实记录好垃圾分类回收的情况。

（7）针对志愿服务劳动中出现的问题进行归类总结。接受指导老师针对学生完成的志愿服务劳动进行检查、指导及有针对性的提问和建议。

（8）志愿服务劳动之后，联系当地垃圾回收单位，对回收的垃圾做统一处理。

三、劳动安全注意事项

1. 劳动过程中全程佩戴口罩、塑胶手套。
2. 注意有毒、有害、化学品垃圾的特殊处理。
3. 做好作业现场安全防护，切勿高空作业。
4. 熟悉各类工具的使用安全要求，如刀具、剪刀等。
5. 学习一般性劳动健康与安全知识。

任务三　环境卫生服务劳动

劳模风采

张明旺：舍得一身脏，换来万家净

1959年，掏粪工人时传祥荣获"全国劳动模范"称号。1966年国庆观礼，时传祥作为北京市观礼团副团长受到毛泽东主席的接见，周恩来总理在招待宴会上为其敬酒。在当代，江西横峰县环卫所也有一位"时传祥"。2015年4月28日，横峰县环卫所垃圾清运司机张明旺在北京接受"全国劳动模范"称号表彰。多年来，常有人问张明旺，你这么努力地付出，牺牲了这么多你图什么？张明旺总是回答："我没什么图，就是想把工作做好。"

劳动目标

1. 熟悉参加校园环境卫生服务劳动需要使用的基本劳动工具和作业流程。
2. 掌握校园环境卫生服务劳动的操作技能，开展相关劳动作业。

3. 充分认识开展校园环境卫生服务劳动的重要性,热爱校园、奉献自我。

4. 了解校园环境卫生服务劳动工具的变迁与发展,了解校园环境卫生服务劳动的重要意义,了解未来校园环境卫生服务劳动的发展趋势。

一、劳动准备

(1) 提前联系好校园后勤部门。

(2) 学习劳动纪律和安全知识,学习劳动指导手册、工具使用说明等相关资料,安全到达校园指定区域。

(3) 明确劳动任务,划好片区,分好组,每组一般不超过 10 人,每组选定组长 1 名,做好校园环境卫生劳动实践的心理和身体准备。

(4) 分配劳动工具(扫帚、铲子、长杆夹子、园艺剪刀、簸箕、铁锹、耙子、垃圾桶、垃圾袋)、防护用品等。

(5) 组长带领各小组成员到达划定的区域。劳动指导教师示范演示各类工具的使用方法和应注意的问题,明确校园环境卫生劳动的作业流程。

二、劳动开展

(一) 劳动时间、地点

每周周五下午 1 点,学校校园。

(二) 组织分工及岗位职责

(1) 寝室卫生清洁小组。对寝室进行卫生检查与清扫。

(2) 教室卫生清洁小组。打扫教室并进行检查与维护。

(3) 办公室卫生清洁小组。对学校各办公室进行打扫与整理,保持清洁卫生。

(4) 校园卫生清洁小组。对学校校园卫生进行打扫与整理,保持校园干净整洁,维护校园环境卫生。

(三) 劳动过程

(1) 在校园环境卫生服务劳动之前,在指导老师带领下,进行实地调查、讨论,充分了解校园环境卫生服务劳动包括哪些模块、内容以及如何开展劳动实践。

(2) 对调查结果进行归类整理,针对不同模块进行技能与理论的学习,为即将开展的劳动实践进行必要的心理准备、身体准备、理论准备、技能准备。

(3) 安全到达开展校园环境卫生服务劳动的区域,聆听指导教师针对不同的劳动内容(如清扫落叶、灌溉花草、捡拾垃圾等)进行的示范演示和技术技能与理论知识的讲解。

(4) 进行校园环境卫生服务劳动实践。在实践活动过程中,在指导教师的指导下,及时纠正操作不当的地方。

(5) 校园环境卫生服务劳动结束后,接受指导教师针对完成情况进行的检查、指导和有针对性的提问与建议。

(6) 针对服务劳动现场出现的突出问题进行思考,提交书面服务劳动总结。

三、劳动安全注意事项

（1）佩戴好个人防护用具，如手套、口罩、面罩、洗手液、消毒液等。

（2）检查工具的安全性，防止意外脱落。

（3）做好作业现场安全防护。

（4）熟悉各类工具的使用安全要求。

（5）学习一般性劳动健康与安全知识。

项目二 社会服务劳动

任务一 "青少年之家"四点半课堂社区志愿服务劳动

劳模风采

吴申萍：二十余年义工路，一片丹心向阳开

70多岁的吴申萍，家住江西省萍乡市安源区后埠街五里井社区，二十多年来，他默默无私讲奉献，不求回报为街坊，没有"热辣滚烫"，只有"温润如泉"，倾一己之力，践一生之诺，成为群众身边"最暖心的人"。

虽然只是一位普通的社区居民，但在后埠街五里井社区，吴申萍却是一个家喻户晓的名字，因为自2000年起，他就在社区担任义工。二十多年中，吴申萍共计接待居民两万多人次，帮助解决矛盾纠纷两千多起，逢年过节慰问辖区内孤寡老人、留守儿童、残疾人，累计送出物资价值近20万元。他无怨无悔地为社区做好事、办实事，赢得当地居民的高度赞赏，先后获得2023年第二季度"江西好人"、萍乡市2023年"新时代赣鄱先锋"暨"龚全珍式好党员好干部""五星道德安源人""最美萍乡人""萍乡市十佳志愿者"等荣誉。

择一事终一生，在义工路上一往无前的吴申萍，也从大家口中的"吴叔"成了"吴老"。尽管白发满鬓，但他始终心中有火、眼里有光。"街坊邻里是我们的亲人，我们要把他们的事当成自己的事，服务好群众，只有起点，没有终点，我将义无反顾、无怨无悔地做下去……"吴申萍如是说。

劳动目标

1. 能够熟悉"青少年之家"四点半课堂服务劳动的基本工具的操作方法和作业流程。

2. 能够掌握服务小学生巩固学业、发挥特长、基本锻炼的操作技能，能够开展相关工作。

3. 了解并掌握至少一门小学生文、体、艺特长的教学方法。

4. 开展服务型劳动实践,培养志愿者"开口能说、动手能做、做后反思、关爱他人"的劳动素养,践行劳动精神。

一、劳动准备

(1) 开展劳动纪律和安全培训,组织学生到达社区的"青少年之家"四点半课堂基地。

(2) 事先明确"青少年之家"服务劳动中各种不同的劳动任务,根据服务对象的数量、就读年级、课后辅导科目、辅导时间段需求、当前学习进度等进行人员分组,并结合分工板块组建劳动团队,每组确定组长 1 名。

(3) 根据分工的不同,提前准备好以下三类劳动工具和材料。①文具类:小学主要科目教材,小学生字典等工具书,草稿演算纸、铅笔、钢笔、橡皮擦、卷笔刀等备用文具;②兴趣类:剪纸、橡皮泥等手工工具、象棋等棋具、彩色笔等绘画材料;③运动类:跳绳、毽子、羽毛球等。

二、劳动开展

(一) 劳动时间、地点

行课期间每周一至周五 16:00～18:00 在学校与周边社区、乡镇共同建立的"青少年之家"场地。

(二) 组织分工及岗位职责

(1) 策划招募组。负责制订"青少年之家"四点半课堂志愿服务劳动方案,根据方案,招募志愿者 8～10 人/天,以一周为单位进行排班,落实劳动时间安排。

(2) 后勤培训组。负责根据服务劳动方案中所需的物资,分别列出所需物资清单。同时负责对招募的志愿者开展劳动培训和集体备课等。

(3) 劳动服务组。负责组织实施劳动服务,每天安排 8～10 人,结对开展劳动服务。落实服务过程、总结、劳动效果考核等内容。

(三) 劳动过程

(1) 接待与任务制定。志愿者开始当日劳动服务工作前,要清点小学生人数,了解学生就读年级、当日所需辅导的课后作业的相关情况,详细了解课后作业内容。

(2) 学业辅导。辅导课后作业,首先组织小学生独立完成作业,再对学生不懂不会的作业进行知识点讲解,之后可检查作业完成情况、纠正错误。

(3) 兴趣服务。课后作业完成后,志愿者可根据学生兴趣爱好与学校课后任务等内容,开展课后延展服务,如课后阅读、课前预习、绘本共读、手工制作等。

(4) 体育锻炼。课后作业完成后,志愿者也可结合小学生的身体特性,组织开展多种类别的体育锻炼,若人数较多,可组织跳绳等活动,若人数较少,可组织羽毛球等活动进行锻炼。

(5) 登记离开。服务结束,志愿者将当日劳动服务内容登记到劳动手册中,志愿者带领小学生到校门口,送学生离开服务场地。

(6) 劳动总结。劳动结束后,组长组织志愿者召开小结短会,重点对当日情况进行简单总结,提出问题并进行个人劳动后的反思,志愿者们分享今日感悟以及提出问题、建议等。此外,还可以定期结合志愿者服务情况,分享学习体会,进行更加深入的劳动反思。

三、劳动安全注意事项

(1) 服务前检查服务工具的安全性,确保剪刀为儿童安全剪刀。

(2) 做好室外锻炼场地安全性的观测,尤其是下雨、下雪后的现场地面情况,如地面是否平整、地面是否有尖锐物体等,以保障志愿者和小学生进行体育锻炼时的安全。

(3) 做好室内消防应急疏散演练,熟悉现场紧急逃生操作。

(4) 学习一般性劳动健康与安全知识。

任务二　敬老福利院志愿服务劳动

劳模风采

吴小燕:十年坚守,做老人的守护天使

立足岗位、心系老人的吴小燕,是阳光老年公寓护理队伍的代表成员。早上 7 点多,吴小燕已经在为 98 岁的高奶奶做着拍背、按摩、整理房间等日常工作。吴小燕主要负责阳光老年公寓 2 号、4 号楼的 260 位老人的日常护理,她对自己"辖区"老人的情况了然于胸。哪位老人要按摩、吃药,饮食上有什么注意事项等,吴小燕都记得清清楚楚。"把老人当做亲生父母一样来护理"是吴小燕的工作宗旨,在她眼里,这些老人都是"返老还童"的孩子,给自己带来了许多欢声笑语,有了他们的肯定,工作的劳累与辛苦也随之冲散。

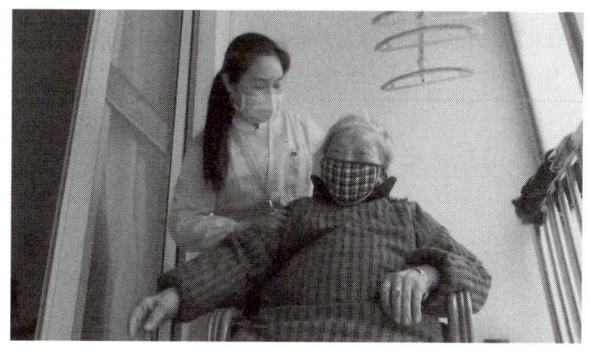

吴小燕(左)

劳动目标

1. 能够了解福利院志愿服务劳动的基本内容和服务流程。

2. 能够掌握福利院志愿服务劳动的技能和技巧,开展相关服务工作。

3. 了解儿童、老人的生活与心理健康的基本规律以及思想引导方法。

4. 形成"开口能说、动手能做、做后反思、关爱他人"的劳动素养,践行劳动精神。

一、劳动准备

(1) 开展劳动纪律、劳动安全教育与培训,安全到达敬老福利院。

(2) 明确敬老福利院劳动服务的各项任务,根据服务内容进行人员、流程的分工,组建服务小分队,确定团队负责人。

(3) 根据敬老福利院劳动服务内容,提前准备劳动工具与材料,如维修工具、养生测试仪器、清洁工具、宣传物料、音响设备等。

二、劳动开展

(一) 劳动时间、地点

周末及节假日,敬老福利院。

(二) 组织分工及岗位职责

(1) 策划小组。主要负责活动组织与策划;做好活动前期踩点、调研,方案制订;志愿者的招募与资格审核;物资与工具的筹备;现场的场地布置与签到。

(2) 维修小组。主要负责小家电维修的提前学习与研判;现场小家电的检测与维修;维修后小家电的使用展示;维修后使用情况的回访与反馈。

(3) 宣传小组。主要负责前期活动的宣传与制作;活动现场的宣传布置与新闻的采集、播报;活动现场的登记并配合维修小组做好维修档案工作。

(三) 劳动过程

以小家电维修劳动服务为例。

(1) 明确任务。明确服务敬老福利院地点,提前与福利院沟通,了解老人的小家电基本维修需求与维修家电类型、维修问题,勘查现场设施条件等,组织志愿者召开任务分配会议,确定本次志愿服务活动的方向与主题,设计志愿服务内容与形式。

(2) 物资筹备。围绕小家电维修所需宣传工具、维修工具、耗材等,准备好宣传横幅、喷绘等,向学校借用相关电器检测、维修工具,购买所需耗材。

(3) 现场布置。根据现场情况,分为几个维修点,布置现场,摆放好使用工具,搭接好电源,接好各个点位的插板。宣传组召集维修小组,根据类型进行分组预约维修,做好维修排序。

(4) 检测维修。各个维修点开展维修服务,按照询问问题—开机检测—找准问题—现场维修程序,完成维修工作。维修后检测家电是否可正常使用。

(5) 测试反馈。维修结束后,面向老人进行现场接电测试,测试基本功能,讲解使用注意事项。若不能维修,则向老人说明原因,做出下一步处理流程建议。

(6) 志愿劳动经验分享与总结。当日活动结束后,队长组织志愿者召开小结短会,重点对当日情况进行简单总结,志愿者们分享今日感悟,进行反思,提出问题、建议、意见等。

三、劳动安全注意事项

（1）遵守安全用电规则,佩戴安全防电工具,如绝缘手套。

（2）现场需要搭电,须有专业电工证的专业师傅进行搭电处理。

（3）维修小家电的志愿服务者须有电工证等相关从业资格证,严格按照用电安全规则使用工具。

（4）加强现场安全秩序的维护,保障老人安全,避免拥挤。

（5）熟悉各类小家电检测、维修工具的安全使用要求。

（6）学习一般性劳动健康与安全知识。

任务三 爱心义卖志愿服务劳动

劳模风采

聂永军:在寒冬中温暖乡村

聂永军,长春公交集团西昌汽车公司驾驶员,全国劳动模范。在过去近二十年里,他将爱心毫无保留地奉献给了德惠市朝阳乡长泡村的五保户姚洪安。

自 2005 年偶然结识姚洪安后,聂永军便把照顾老人当作自己的责任。每到逢年过节,他都会自掏腰包购买各种慰问品,带着徒弟们前往老人家中,陪老人过节,还亲自为老人包饺子,让老人感受到家的温暖。姚洪安因身体残疾,生活中有诸多不便,搬运取暖的煤就是一大难题。聂永军便与其他爱心人士一起,专程到九台区上河湾镇煤场购买优质煤,雇车运到老人家里,并完成卸车、码放等工作,还贴心地为老人引火添煤。不仅如此,他此前还自费在老人家中打了一口名为"永爱井"的水井,切实解决了老人的用水难题。聂永军多年如一日,用实际行动诠释着劳模的爱心与担当,在平凡中铸就伟大。

劳动目标

1. 能够掌握爱心义卖劳动的基本流程。

2. 能够号召更多大学生、周边居民参与爱心义卖。

3. 能够将爱心义卖的捐款、物资传递给需要的群体。

4. 培养爱心奉献精神,养成勤俭节约的习惯,传递青春正能量。

一、劳动准备

（1）组织学生到达爱心募捐场地，如广场、商场等，做好现场布置与纪律安全教育。

（2）事前明确爱心义卖劳动中各种不同的劳动任务，根据任务进行人员、场地划分，根据任务需要组建团队，每组选出组长 1 名。

二、劳动开展

（一）劳动时间、地点

周末或者节假日，学校广场、食堂外等人流量较大的地方。

（二）组织分工及岗位职责

（1）策划组。主要负责活动策划，前期负责留守儿童群体的目标确定；留守儿童基本情况与捐赠需求的了解；活动各项物资的准备；现场爱心义卖卖主的召集；活动现场的宣传与后期宣传。

（2）现场组。负责活动现场各类突发事件的处理与应对；现场爱心义卖卖家的分类与分组，各个点位的设置与管理；现场爱心义卖善款投款点的设置等。

（3）资金组。负责活动现场爱心义卖资金的监督；现场爱心义卖情况的登记；爱心义卖善款的处理与捐赠。

（三）劳动过程

（1）现场布置。到达爱心义卖现场后，布置宣传展板、横幅等，划分各个爱心义卖点位（摊位），布置好桌椅、捐赠善款箱等。

（2）爱心义卖现场交易。组织爱心义卖卖家到达各自点位就位，吸引义卖买家，推销义卖物资，讲解本次义卖目的，尽量促成交易，引导卖家将义卖所得的善款投放到捐赠箱中。

（3）爱心义卖善款清点。义卖结束后，在工作人员的监督下，将爱心义卖所得善款全部进行现场清点，并与各个点位分组进行核对，公示义卖资金。

（4）爱心义卖善款捐赠。义卖所得的资金，按照留守儿童的需求分为现金、物资等部分，并进行物资采购，然后前往留守儿童处，集中捐赠给留守儿童，并将义卖善款使用情况面向义卖所有买卖方公示。

（5）劳动总结与反思。根据本次爱心义卖情况，召开专题研讨会。志愿服务结束后，还可召集志愿者、义卖卖家、帮扶对象进行交流总结。

三、劳动安全注意事项

（1）现场做好集中性活动中个人防护工作。

（2）现场搬运物资时注意作业安全。

（3）注意人群集中后的应急疏散。

（4）学习一般性劳动健康与安全知识。

项目三　创新创业劳动

任务一　新媒体营销策划及制作

劳模风采

齐竞竹:镜头背后最动人的扶贫故事

创新创业
劳动

　　为了挖掘天津大学扶贫干部宋鹏利用"互联网＋扶贫"带领村民打造全链条式电商产业的故事,2018 年 7 月,齐竞竹带领津云视频团队摄制组来到甘肃陇南大寨村,与村民同吃同住半个月,拍摄到了真实、饱满、感人的画面。白天,他跟随宋鹏挨家挨户走访,晚上则反复研讨短视频脚本,最终确定以沙湾臊子为切口,用网民喜闻乐见的形式,制作有"网感"的短视频《臊子书记》,并获得第二十九届中国新闻奖短视频新闻一等奖。从 2018 年至今,齐竞竹带领团队不断深入基层,足迹遍布河北、甘肃、新疆、西藏、青海等地。拍摄制作了《奔跑的蜗牛》《黄河岸边最美的风景》《沙漠之子》等多部有新意、有暖意的扶贫视频报道。对于入选全国劳动模范,齐竞竹表示:"荣誉称号是一份沉甸甸的责任,在今后的工作中更要发挥好模范带头作用,要在岗位上发光发热,不负时代赋予我们的使命。"

劳动目标

新媒体营销
策划及制作

1. 认识新媒体营销策划工作的内涵及特点。
2. 熟悉和掌握新媒体营销策划劳动中的设施与技术。
3. 能够开展新媒体营销策划劳动的生产实践。
4. 通过劳动,体悟劳动创造价值、缔造美好的深刻内涵。

一、劳动准备

（1）了解营销知识与技巧,构图、景别、分镜头等美学知识,设备操作知识与技能等。
（2）联系好劳动场地:多媒体教室。
（3）准备好产品、新媒体工具、摄影摄像设备等。

二、劳动开展

（一）劳动时间、地点
周一到周五在多媒体教室。

(二) 组织分工及岗位职责

(1) 项目研发组。新媒体营销策划及制作是围绕营销项目展开的,组建项目研发组的目的就是要寻找适合当前大学生需求的营销项目。其职责主要是做好市场调查,了解学生在夏季可能需要的生活产品。

(2) 文案策划组。围绕项目研发组的调研结果,由文案策划组对需要营销的产品进行营销策划,形成线上、线下活动策划方案。

(3) 新媒体制作组。运用新媒体的思维与理念,结合当前大学生喜欢的和易于接受的产品营销方式,对产品进行美化包装、制作广告、投放市场。

(4) 营销运营组。实施产品营销,做好市场维护与客户跟进、服务,随时将客户意见反馈给文案策划组、新媒体制作组,以便其随时调整营销方案。

(三) 劳动过程

(1) 明确目标。在任课教师的指导下,团队小组明确新媒体营销策划及制作这个劳动教育实践在知识层面、能力层面及情感态度价值观层面要达到的劳动教育目标,对本次劳动教育实践形成一个比较宏观的认知。

(2) 职责分工。根据新媒体营销策划及制作的教育目标,招募学校市场营销专业、新闻传播专业、摄影摄像专业等共计 20 人,组成团队,并将团队分成项目研发、文案策划、新媒体制作、营销运营 4 个小组,明确每个小组的工作职责,小组成员既有分工,也要求所有成员都必须全程参与此次营销活动。

(3) 市场调研。调研小组围绕夏季大学生的产品需求,制作问卷、访谈提纲,形成夏季产品的营销清单,并确定 1~2 项产品为本次新媒体营销的对象。

(4) 制作策划方案。文案策划组根据市场调研的结果和确定的营销产品,从营销目标、产品性能、产品定位、产品 SWOT 分析、产品包装与服务、价格策略、销售渠道、线上线下促销活动、具体执行方案等进行策划方案制作,此项实践需要团队所有人员的共同参与。

(5) 产品新媒体推广作品制作。任课教师根据此次劳动教育实践的需求,结合产品的特点,指导学生对应大学生需求制作产品推介短视频,赋予产品适宜新媒体传播的推广方式。

(6) 新媒体平台运营。利用微信、微博、贴吧等新媒体平台进行品牌推广,通过策划与品牌相关的优质、适合传播的内容和线上活动,向大学生广泛或者精准推送消息,提高学生参与度,提高品牌知名度,从而充分利用粉丝经济,达到相应的营销目的。

(7) 运营维护。对营销产品的推广数据、推广效果进行分析、反馈,用以调整产品的市场划分、市场定位等,提高新媒体营销与策划的效果。

三、劳动安全注意事项

1. 注意个人财产安全,防止设备遗失。

2. 注意户外人身安全,做好调研过程中的保护措施等。

任务二　模拟创新创业

劳模风采

李伟国：服务他人，成就自己

李伟国是华灿工场合伙人兼总经理。从 2017 年加入两岸青年双创平台华灿工场开始，他和团队就在挖掘大陆每座城市的人文特色和产业定位，努力构建海峡两岸领先的创新创业服务生态圈，这一过程也让李伟国看到了大陆强劲的发展势头和更多的投资机会。"希望通过自己搭建的桥梁，让更多台港澳侨青年了解祖国，安心回祖国创新创业。"李伟国希望在华灿工场中成就自己的"登陆梦"。

劳动目标

1. 了解创新创业的基本工具和作业流程。
2. 掌握运用思维导图建立发散性思维方式。
3. 能够发现创业机会，并模拟注册公司与创业实践。
4. 认识脑力劳动的重要性，培养创新创业意识，培养尊重劳动、尊重创造的良好习惯。

一、劳动准备

（1）了解公司的组织结构、公司注册的流程、思维导图的运用、文案创作知识等。
（2）安排好劳动场地（创业孵化中心教室），准备好手机、笔记本电脑、纸、笔等。

二、劳动开展

（一）劳动时间、地点

工作日，学校创业孵化中心。

（二）组织分工及岗位职责

（1）策划人员。负责起草公司成立的相关文件，用思维导图画出公司成立的关键节点和公司成员的工作职责。

（2）外联人员。负责制订对外沟通联系、申请场地租赁、法人资质提交、公司账务开通等方案。

（3）财务人员。负责制订公司财务刻章、核税种、申请发票、做账、报税等公司成立前的财务准备方案。

（4）公司法人。负责制订公司发展规划，用思维导图画出公司发展的 SWOT 分析，对公司业务进行可行性分析。

（5）总务。负责起草公司人事、股份、对外交际等方案，制订公司宣传方案与宣传片拍摄方案等。

（6）业务。负责起草公司贸易、事业发展、策划推广计划。

（7）财务。负责起草公司的会计、出纳、税务工作报表。

（8）生产。负责起草公司相关业务产出的年度、季度、月度计划。

（9）售后。负责起草公司业务出售后的维护服务方案。

（三）劳动过程

（1）明确目标。任课教师在开课初告知学生模拟创新创业的教学任务，学生自行分组，通过查阅市场资料、调研市场需求，发现有市场潜力的产品或服务领域，明确创业目标。

（2）责任分工。任课教师组织小组成员到达创业孵化中心教室，各小组成员根据自己的兴趣、爱好和前期的准备工作进行分工，选定策划人员、外联人员、财务人员、法定代表人、总务人员、业务人员、生产人员、售后人员等。任课教师演示思维导图、策划方案的使用方法和流程规范等。

（3）模拟创业流程。

第一步撰写创业申报书。由策划人员牵头，用思维导图画出公司成立的关键节点，梳理撰写《创业申报书》的内容，包括项目描述、项目特色和创新、市场调研、发展潜力、市场计划、预期效益、进度安排、企业文化等。

第二步制订配套方案。用思维导图明确责任分工，每个成员负责制订相应的方案，然后共商共议，包括制订对外沟通联系、申请场地租赁、法人资质提交、公司账务开通等方案；制订公司财务刻章、核税种、申请发票、做账、报税等公司成立前的财务准备方案；制订公司发展规划，用思维导图画出公司发展的 SWOT 分析，对公司业务进行可行性分析；起草公司人事、股份、对外交际等方案，制订公司宣传方案与宣传片拍摄方案等；起草公司贸易、事业发展、策划推广计划；起草公司的会计、出纳、税务工作报表；起草公司相关业务产出的年度、季度、月度计划；起草公司业务出售后的维护服务方案等。

第三步提交申请方案。公司法人向学校创业孵化中心提交《创业计划书》,若通过审核,则由任课教师组织创业培训,同时进入工位实践;若未通过审核,小组成员需要对《创业申报书》及相关方案重新进行修订,再次提交并进入审核程序,若还未通过审核,则创业项目取消。

第四步进入孵化园创业。在创业培训、入驻工位实践后,在任课教师的组织下,与学校孵化中心签订入驻协议,小组成员实施前期的工作方案,注册、成立公司,进入自主经营阶段。

第五步公司运作。在任课教师的指导下,公司成员各司其职,并享受学校孵化中心的培训指导、场租减免、代理记账服务、法律服务、融资服务、财税补贴等政策。

第六步实践分享。所有小组成员都需要用思维导图将上述流程进行梳理,明确创业劳动过程中的职责分工与企业责任,培养劳动意识、创新思维,学会在生活中将劳动创新融入每一个细节。

三、劳动安全注意事项

1. 选择安全的办公场地,外出时乘坐安全可靠的出行工具,注意人身安全。
2. 注意网络使用安全,防止信息泄露造成损失。

任务三　火车乘务员岗位活动

劳模风采

刘正林:扎根铁运一线,发扬铁军精神

刘正林是中铁二十局集团四公司铁路电力运输分公司司机长、全国劳动模范。三十多年来,他不忘初心、牢记使命,坚守铁路运输一线,累计值乘三千多次、行车一百余万千米安全无事故,有效防止各类行车安全事故六十余起。

他，领衔"刘正林创新工作室"，开展技术攻关，取得创新成果 19 项，节约成本二百余万元。他，带头编写《电力机车乘务员应急故障处理方法》等多本书籍，先后培养出二十余名技术骨干、六十余名电力机车司机，先后荣获陕西省"十大杰出工人""劳动模范"、交通运输部"全国交通技术能手"等多项荣誉称号。"热爱岗位，尽职尽责，你才是个称职的员工；顶住压力，砥砺奋进，做出一些实实在在的业绩，你才是个优秀的员工。"刘正林把这句话当成了工作中坚守的信条。

劳动目标

1. 熟练掌握火车乘务员岗位所有工具的使用。

2. 掌握火车上突发情况的处置流程与报告程序。

3. 结合专业，协助火车师傅开展工具升级、技术指南制作等工作。

4. 体会劳动价值、培养实践创新能力、感受社会人情、学会换位思考、沟通交流、微笑服务等岗位要求及专注、坚定、担当、感恩的精神品质。

5. 培养数字化服务意识，学会运用铁路部门推出的智能服务小程序，为乘客提供在线查询、预约服务等数字化帮助。

一、劳动准备

（1）掌握火车运行、火车乘务服务、火车车门管理、火车运营安全等知识与技能。

（2）准备好各类物资，准备好车门钥匙、手电筒、换票簿、车门防护带、对讲机、扩音器等必备工具。

（3）提前学习铁路智能服务系统的基础操作方法，熟悉智能票务查询、乘客信息登记等数字化功能的使用。

二、劳动开展

（一）劳动时间、地点

寒暑假社会实践期间，火车车厢里。

(二) 组织分工及岗位职责

（1）组长负责与学校、老师联系，信息报送及协助值班车长做好车厢乘务管理。

（2）宣传委员负责观察、搜集、撰写同学们在各种岗位上的表现、典型事迹等材料，并及时投递宣传。

（3）所有学生按照火车乘务员岗位要求履行在岗职责。

（4）增设技术专员，负责协助处理劳动过程中出现的工具故障、智能设备操作问题等技术相关事宜。

(三) 劳动过程

1. 准备环节

（1）开展理实培训。在教室开展铁路运营安全理论知识、铁路规章制度等方面的培训，在学校实训室开展铁路安全操作流程、铁路运营管理等实操培训，强化参与火车乘务员岗位的能力，明确参与劳动的具体目标与要求。增加模拟应急演练培训，模拟火车上可能出现的火灾、乘客突发疾病等场景，让学生在模拟环境中熟悉应急处置流程。

（2）明确职责分工。根据一列火车的用人及作业要求，每班分为15～20人一组的两个小组，每组设置组长、宣传委员，实行倒班制作业，8小时倒班一次。

（3）参与出征誓师。举行盛大的出征仪式，邀请学院领导为所有参与火车乘务员岗位实践的同学授旗，鼓舞斗志，增强参与活动的积极性，在全校范围内形成良好的劳动教育实践氛围。

2. 行动环节

（1）参与劳动。所有学生按照火车乘务员岗位职责，使用火车钥匙、车门渡板、安全警戒线、气压水压表、火车运行日记、安全扫描仪等工具，实施开门、立门、迎客、检票、安全检查、安全宣传、车厢卫生打扫、垃圾倾倒、火车运行日记填写、换票补票、乘客咨询等作业流程，参与劳动教育实践。在乘客咨询环节，主动引导乘客使用铁路官方 APP 查询列车动态、余票等信息，提高服务效率。

（2）发挥引领作用。学生组长、宣传委员等学生干部，要起到模范带头和联系纽带的作用。学生组长在做好乘务员工作的基础上，要组织每次换班工作，督促每一位学生按时到岗、按时就餐、按时换班，收发学生手机，监督履职情况，每日向学校报告当日劳动实践情况、安全作业情况等；宣传委员在做好乘务员工作的基础上，要收集同学们的典型事迹、劳动收获、实践感悟等，拍摄劳动过程，并形成图文并茂的新闻报道，每日向学校发送。技术专员在工作中及时记录工具使用情况及故障问题，定期反馈给相关老师，为工具升级提供实践依据。

3. 分享环节

（1）进行心理调适。火车乘务员岗位具有工作压力大、工作时间长、作息不规律、突发情况多等特点，任课教师在每一周期（一趟车往返 3～5 天）的劳动实践结束后，应邀请心理健康教育与咨询中心的教师，以小组为单位，参与"学习小组"心理团辅活动，同学们也应及时关注自身的情绪、心理动态，积极分享趣事、感悟，做好心理调适。在心理调适过程中，引入"情绪日记"分享环节，让学生记录每日工作中的情绪变化及应对方法,促进相互学习。

(2)分享经验。每学期劳动实践结束后,任课教师以车队(北京车队、上海车队、乌鲁木齐车队等)为单位,组织开展"分享交流会",讨论劳动体验与认知,总结劳动成效和问题,感悟劳动成长,厚植劳动观念,强化劳动意识。汇报形式可包括 PPT 展示、视频、相册、成长记录等。增设"创新点子分享"环节,鼓励学生分享在工作中想到的提高服务质量、优化工作流程的创新想法。

(3)评比表彰。每学年同步学校评优评先工作,任课教师组织开展铁路春运社会实践的评优评先,评选出"先锋模范奖""勤奋敬业奖""信息宣传奖""创新实践奖"等,树立劳动典范。组织开展"总结表彰大会",扩大劳动教育影响力,提炼劳动实践精神。

4. 评价环节

开展多元过程性的劳动教育评价,任课教师组织学生、家长、企业对学生在火车乘务岗上的劳动效果进行联动评价,注重学生日常劳动的过程性评价,不断完善评价指标,客观记录学生在劳动实践中的表现。

三、劳动安全注意事项

(1)注意人身财产安全,注重个人财物保管,正确操作劳动工具。使用智能设备时,注意保护设备安全及乘客信息安全,避免设备损坏或信息泄露。

(2)严格遵守火车运营安全规章、防止与乘客发生正面冲突、了解突发事件的应对措施等。

项目一　劳动教育周

劳模风采

郑高魁：宁愿一人脏，换来万家洁

　　郑高魁，就职于山西阳泉中环洁城市环境服务有限公司，现任山西省阳泉市城区环境卫生管理处清运中心三号车装卸组组长，连续多年被评为市、区两级"环卫先进"和"环卫标兵"，2013年被评为城区"最美环卫工人"，2014年被授予"山西省劳动模范"称号，2017年荣立城区"个人三等功"。晴天一身灰，雨天一身泥。夏天要在酷热的环境下作业，冬天要忍受刺骨的寒风冰雪，环卫工作既脏又累，且单调繁重，逢年过节作业量更是成倍增加。郑高魁却一干就是20多年。他用自己的日夜辛劳践行着环卫人"宁愿一人脏，换来万家洁"的高尚品德。

劳动目标

1. 学习和理解马克思主义劳动观，牢固树立劳动最光荣、劳动最崇高、劳动最伟大、劳动最美丽的观念。

2. 体会劳动创造美好生活、劳动不分贵贱，热爱劳动，尊重普通劳动者，培养勤俭、奋斗、创新、奉献的劳动精神。

3. 培养满足生存发展需要的基本劳动能力，形成良好的劳动习惯。

4. 提升自我管理、自我约束、自我教育、自我服务能力。

劳动教育周是指由学校根据教学计划，每周统一安排一定数量的学生，停课一周，到校园各个劳动岗位进行劳动的一种正规化劳动教育形式。劳动教育周的劳动内容主要包括校园环境卫生打扫、校园秩序维护和校园师生文明行为检查等。通过整段时间的劳动教育，树立正确的劳动观念，加强自我管理、自我服务、自我约束、自我教育"四自"能力的培养，达到德育实践的目的，更好地为培养德、智、体、美、劳全面发展的社会主义建设者和接班人的目标服务。

一、劳动准备

（1）提前安排好劳动场所。如教学楼、实训楼、活动中心、图书馆、师生公寓、道路、广场、食堂、车库、校内绿化地、生态园及校园其他有关区域。

（2）明确劳动质量标准。室内区域，要确保屋顶、墙角等处无蜘蛛网；墙壁保持白净，无浮尘；门窗洁净无灰尘；地面清洁、无垃圾纸屑；文件柜无污迹、摆放整齐；办公设备表面无灰尘、无印痕。室外区域，道路、广场等无障碍物，无碎砖石瓦块；绿化带、池塘无纸屑、树叶等脏物；枯、残落叶及时清扫；卫生间保持通风良好，各设施清洁、完好无损。

（3）准备好劳动工具和防护用品。备好传统劳动工具如扫把、拖把、簸箕，也可准备现代劳动工具如电动扫地机、扫地机器人等。

（4）明确劳动作业流程、工具使用方法及应该注意的问题。

二、劳动开展

（一）劳动时间、地点

从星期五晚自习开始，到下周五晚自习结束；教学楼内。

（二）组织分工及岗位职责

（1）学校成立劳动教育实践课领导小组，小组成员由校领导、教务处、学工处、图书馆、保卫处、后勤处等单位组成。

（2）劳动教育实践课程教研室负责人才培养方案相关内容的修订和劳动实践课程的教育和管理。

（3）二级学院成立劳动教育实践课程实施工作小组。

（4）参与劳动实践课程的学生要按时间节点认真参与培训,熟悉劳动教育环节。

（三）劳动过程

1. 劳动内容

（1）实践方面。卫生保洁,负责校园内道路、广场、绿地及学生公寓环境卫生的清扫和保洁工作;绿化养护,协助做好校园内所有绿地的杂草清除、草坪保洁、残枝烂叶修剪、校园或会议室花卉的摆放和布置等工作;文明纠察,保证校园公共区域活动有序进行;其他临时性的劳动。

（2）理论方面。班主任或者辅导员给每个班级上一次岗前培训课,安排各劳动岗位的任务和职责,填写各岗位的人员分工表,并提出具体的劳动要求和考核标准。

劳动期间,班主任或者辅导员至少开展两次劳动教育讲评课,邀请专家做讲座,主要讲授劳动教育相关知识。

2. 工作流程

本次劳动的工作流程如下。

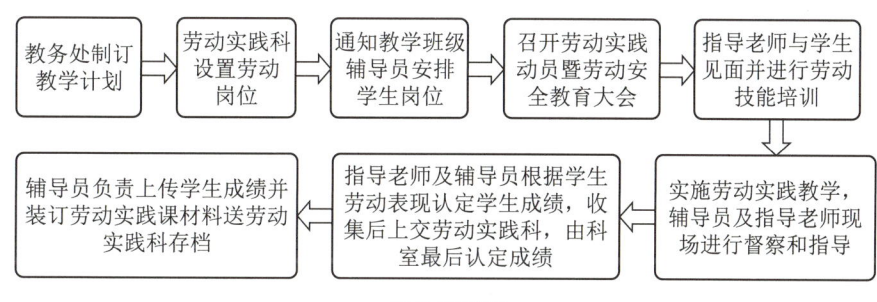

工作流程图

3. 成果展示

（1）“绿色校园,从我做起”成果展。评价标准:形成绿色价值取向,绿化环保行动、低碳校园生活,做绿化环境践行者。

（2）“垃圾分类回收”成果展。评价标准:垃圾投放规范,减少环境污染,提高环保意识,做垃圾分类倡导者。

（3）“改善寝室面貌,提升文化格调”成果展。评价标准:寝室美化设计与创意展示,实现文明寝室“六净”:地面干净、墙面干净、门窗干净、玻璃干净、桌椅橱柜干净、其他物品整洁干净;“六无”:无杂物、无烟蒂、无乱挂现象、无蛛网、无酒瓶、无异味;“六整齐”:桌椅摆放整齐、被褥折叠整齐、毛巾挂放整齐、书籍叠放整齐、鞋子摆放整齐、用具置放整齐。

（4）“校园是我家,美化靠大家”成果展。评价标准:呵护我们的“家”,共建“无烟校园”,维护校园环境秩序,做公共区域环境的维护者。

（5）撰写一篇3 000字的劳动实践心得体会。

4. 考勤管理

通过“签到打卡”的方式记录考勤,每天打卡两次,分别为上午 8:30 之前,下午

17：00之后。

劳动教育周期间学生无特殊事情严禁请假。如果必须请假要办理手续,请假时长在一天内的由辅导员(班主任)批准,两天以内的由所在系部批准,请假超过两天的不计入劳动成绩。劳动教育迟到或早退半个小时的算旷课半天,累计旷课一天及以上者不计入成绩。

5. 成绩评定

学生在劳动教育周的成绩由学生所在系部的辅导员或班主任(占30%)会同劳动教育指导老师(占70%)来评定,在教务处登录,记入学生学籍表。最终成绩＝劳动实作表现×70%＋劳动心得体会×80%。劳动成绩分优秀、合格、不合格三个等级。

6. 奖惩办法

劳动教育周奖惩纳入素质教育成绩单,计入学分,作为学生评优评先的重要参考依据,表现优秀的学生可树立为典型,列入校级荣誉评选范畴。实行精神和物质奖励相结合,以精神奖励为主的方式。具体的奖励方式有:通报表扬、授予劳动先进班级、劳动模范荣誉称号及颁发证书、奖金等。对于在劳动教育中不遵守纪律、犯错误的同学,参照学生手册和劳动教育手册,视情节轻重,给予批评教育或纪律处分。无论是奖励还是处分,均记入学生档案。

三、劳动安全注意事项

(1) 负责打扫学校大门口的学生,在打扫时应小心过往车辆,注意及时躲避。

(2) 负责打扫楼前楼后的学生应小心楼上的同学往下丢东西,防止被砸伤。

(3) 负责打扫各专用教室、实验实训室的学生,注意保持器皿、器材完好无损。

(4) 负责擦门的学生应注意把门上锁,防止在门后打扫时,有人突然推门造成受伤。

(5) 负责擦玻璃窗的学生应该注意安全,防止摔落。

(6) 负责擦灯管、电扇、挂画的同学除注意摔伤外,还要小心触电,开灯时绝不能擦灯管。

(7) 负责打扫台阶的学生防止踩空、摔伤。

(8) 负责清理垃圾桶的同学应注意垃圾桶里的一些碎玻璃、石头等,防止对自己造成伤害。

(9) 打扫中杜绝玩耍打闹,防止误碰其他同学,致使自己和他人受伤。

(10) 打扫中应留意他人,以免对他人造成伤害。负责打扫高楼层场所的同学忌高空抛物。

项目二 劳动教育月

劳模风采

杜丽群：最美奉献者，为生命站岗

　　杜丽群，女，广西南宁市第四人民医院艾滋病科护士长。广西首枚"白求恩奖章"获得者。先后荣获全国五一劳动奖章、全国医德楷模、全国三八红旗手、全国民族团结进步模范个人、全国医药卫生系统创先争优活动先进个人等称号。她奋战在传染病防控护理岗位30多年，为数以万计的艾滋病患者服务近20年。她像家人一样照顾艾滋病患者，是病人们的知心大姐；带领的护理团队，在广西艾滋病治疗护理零基础上探索出全新的护理经验。2013年在开展党的群众路线教育实践活动中，中共广西壮族自治区委员会、中共南宁市委将杜丽群同志树立为践行党的群众路线教育的先进典型。

我为劳动
点个赞

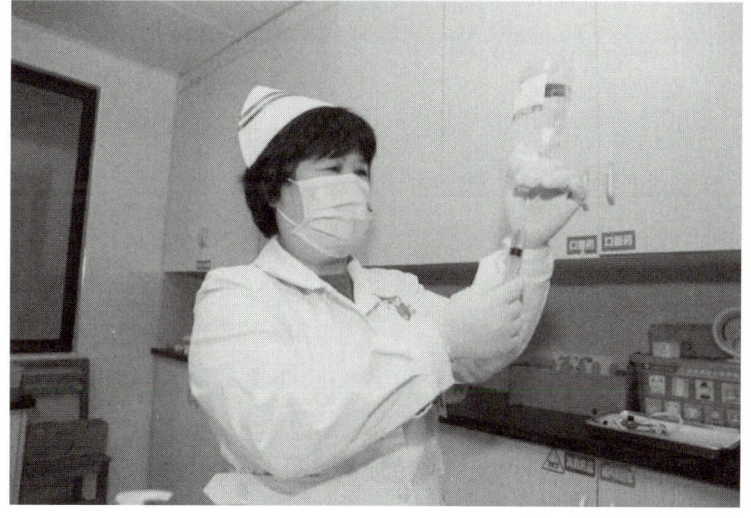

劳动目标

　　1. 了解劳动节的由来，了解我国不同时代的劳模风采。

　　2. 体验劳动的艰辛，懂得尊重、爱惜劳动成果，懂得感恩和节约。

　　3. 培养劳动热情，养成爱劳动的习惯，分享劳动的成果，体验劳动的快乐。

一、劳动准备

（1）提前安排好劳动场所。如志愿服务活动、社会实践活动场所等，前期应做好与相关部门的衔接。

（2）准备好开展实践活动所需的器具和设备。如校外实践基地车辆的安排、设备的租借、宣传横幅的制作等工作。

二、劳动开展

（一）劳动时间

五月和十月。

（二）劳动过程

1. 劳动内容

校园劳动
创造不一
样的"我"

活动主题：奋斗的青春最美丽，围绕"六个一"工程开展实施。

（1）同上一堂劳动教育课。观看"五一国际劳动节劳模表彰大会"系列活动视频，邀请行业企业技术能手、劳动模范进校园，聆听劳模事迹报告会，以劳树德，培养崇尚劳动的理念，弘扬"五一"精神和"五四"精神。

（2）组织一次技能大练兵。结合学生所在专业，围绕专业特色，开展技能竞赛专业展示活动，专业融合，启迪智慧。

（3）开展一次公益志愿服务。用实际行动和劳动体验展示大学生良好形象，也让学生体验劳动的快乐。

（4）进行一次社会实践活动。在校企实训实践基地、劳动教育实践基地、爱国主义教育基地等，开展社会实践活动，进行一次沉浸式的体验，在实践中增长才干，在艰苦奋斗中锤炼意志品质。

（5）举行一次劳动标兵评选。树立典型，营造"人人争当先进，人人争做劳模"的良好氛围。

（6）制作一段劳动掠影。拍摄一组短视频，用影像艺术展现劳动者的精气神，汇集劳动教育月的成果。

同时，结合实际，也可以组织开展与劳动教育月劳动主题相关的征文、演讲、朗诵等多样化的课外活动，让学生在特定的时间内，亲身体验劳动，感悟劳动的意义，发挥青年大学生的自我教育功能。

2. 考勤管理

结合活动出勤率、活动过程参与度、活动成效三个方面进行考勤。

3. 成绩评定

从劳动动机、出勤情况、现场劳动表现、劳动心得撰写四个方面进行成绩评定。按优秀、良好、合格、不合格四个等次评定。

4. 奖惩办法

根据学校教务处相关文件,按照成绩评定结果对获奖学生给予一定的物质和精神奖励。

5. 课后作业

(1) 利用网络、电视、报刊等形式,搜集"五一"劳动模范事迹和"五四"优秀青年事迹。通过自媒体形式宣传他们背后的感人故事。

(2) 整理劳动教育月的"劳动日记"。

三、劳动安全注意事项

(1) 遵守劳动纪律。特别是在校企实训实践基地、劳动教育实践基地、爱国主义教育基地等校内外实践基地劳动时,要合理进行小组分工,以小组为单位,实行岗位责任制。

(2) 量力而行。根据个人的身体情况参加适宜的劳动,劳动时不攀比、不逞强,身体不舒服或者有特殊情况时,要及时向辅导员或班主任反馈,不要勉强参加劳动。因上述原因不参加劳动时,学生本人应提出申请并提供相关证明材料。

(3) 在企业、车间、实训实践基地参加劳动实践时,一定要遵守这些场所的安全管理制度和各项规章制度,按照操作规范进行实践,不参加对身体有害的劳动。

项目三 劳动教育竞赛

劳模风采

徐夏民:让学生拥有出彩人生

徐夏民,无锡机电高等职业技术学校职业技能鉴定所主任。1986 年,大学刚毕业,怀揣教育强国梦想的徐夏民走上了无锡机电高等职业技术学校的讲台,为学生讲授机械专业课程。为了让学生更好地掌握技能,他努力提高自身的专业技术水平,获得了学生们的热爱和领导的认可。他扎根基层职业教育近 40 年,刻苦钻研教材教法,培养了一大批高技能人才,指导学生在各级职业技能竞赛中获得十余个全国冠军、三十余个省级冠军。作为江苏省数控集训队教练,带领江苏队在全国大赛中两次取得团体总分第一。先后荣获"全国五一劳动奖章""全国模范教师""江苏省有突出贡献的中青年专家""江苏工匠""全国先进工作者"等称号。

徐夏民

劳动目标

1. 在干中学,在学中练,在练中比,在比中创,营造"比学赶帮超"的浓厚氛围。

2. 实现以赛促学、以赛促训、以赛促评、以赛促建,营造劳动光荣、技能宝贵、创造伟大的社会风尚。

3. 构建具有专业特色的劳动教育体系,进一步增强对劳动精神的体验感受和认知理解。

一、劳动准备

(1)活动场地。准备好符合竞赛要求的场地或场所。

(2)人员准备。安排好参加劳动技能竞赛的选手、活动现场秩序维护人员、主持人及现场服务人员,做好分工。

(3)物资准备。准备好现场需要的相关道具、用具、茶水等。

(4)知识准备。完善劳动技能竞赛试题库和视频等相关资料。

二、劳动开展

(一)劳动时间

每年的技能竞赛季。

(二)劳动过程

1. 劳动内容

以"新时代、新技能、新梦想"为主题,通过造声势,掀起竞赛热潮;出实策,激发大干热情;下苦功,挖掘发展潜能。以赛促教,以赛促学,赛教相融。强化顶层设计,在劳动教育理论课基础上,结合各专业特点和劳育目标,完善劳动教育体系,紧抓劳动教育"硬指标",将劳动教育观念融入专业课程教学,通过渗透、滋养、默化的方式达到劳动教育教学效果。劳动教育竞赛由初赛、决赛两个环节构成,初赛以劳动理论知识为主题,以知识竞赛为主;决赛以劳动实践技能为主题,以现场实操为主。

（1）院赛演练。以专业或社团为载体，以学院为单位，开展专业技能竞赛，增强专业服务意识，强化社会责任，提升技能和人文素养，培育担当精神。

（2）校赛比拼。各学院选拔劳动教育竞赛参赛种子选手，参与学校层面的技能大比武。

（3）行业（教指委）联赛。学校挑选出表现出色的竞赛选手，参与由教育部文化素质教育指导委员会全国职业院校劳动教育研究院举办的劳动技能竞赛。

2. 考勤管理

结合活动出勤率、活动过程参与度、活动成效三个方面进行考勤。

3. 成绩评定

根据现场表现和过程考核，最终评出一、二、三等奖。

4. 奖惩办法

根据学校教务处相关文件，对获奖学生给予一定的物质和精神奖励。

5. 课后作业

开展"我身边的劳动者"社会调研，组织居家学生以身边的劳动者——父母或其他亲人为对象，调研其职业和劳动情况，感悟不同职业和不同岗位的劳动要素、劳动价值、劳动精神。

三、劳动安全注意事项

按照操作程序和要求规范操作，合理使用设施设备。

四、劳动能力测评

健全和完善自评与他评、过程与结果，定性与定量相结合的评价体系，从学生的学、教师的教、学校的管理三个方面进行评价：对学生参与劳动教育活动的态度、方式、技能和质量进行评价；对劳动教育月活动的设计、计划、组织、实施、总结、反馈等要素进行评价；对校内外劳动实践基地的设计管理工作进行多元评价和综合考查。把劳动素养评价结果作为衡量学生全面发展情况的重要内容，作为入党推优、评优评先、就业推介的重要参考依据。

劳动实训

模块一 综合实训

(一) 单项选择题

1. 劳动教育具有什么样的特征？ （ ）

   A. 创造性、实践性、时代性 　　　　B. 思想性、实践性、社会性

   C. 主体性、时代性、实践性 　　　　D. 主体性、思想性、创造性

2. 马克思对人类劳动的基本价值的主张不包括下列哪一项？ （ ）

   A. 劳动创造世界 　　　　　　　　　B. 劳动创造历史

   C. 劳动创造人本身 　　　　　　　　D. 劳动创造财富

3. 劳动教育评价不包括下列哪一项？ （ ）

   A. 平时表现评价 　　　　　　　　　B. 过程性评价

   C. 学段综合评价 　　　　　　　　　D. 开展学生劳动素养监测

4. 马克思主义劳动价值论的核心观点是下列哪一项？ （ ）

   A. 劳动是使用价值的唯一源泉 　　　B. 劳动是物质财富的唯一源泉

   C. 劳动是商品价值的唯一源泉 　　　D. 劳动是创造价值的唯一源泉

5. 人民创造历史，是什么开创未来？ （ ）

   A. 财富 　　　　　　　　　　　　　B. 梦想

   C. 劳动 　　　　　　　　　　　　　D. 知识

6. 认为"教育与生产劳动相结合是造就全面发展的人的唯一方法"的是哪一位？ （ ）

   A. 马克思 　　　　　　　　　　　　B. 恩格斯

   C. 列宁 　　　　　　　　　　　　　D. 毛泽东

7. 劳动的价值不包括下列哪一项？ （ ）

   A. 个人价值 　　　　B. 社会价值 　　　　C. 公众价值

8. "劳动创造了人本身"的观点属于下列哪一种？ （ ）

   A. 自然进化论 　　　　　　　　　　B. 历史宿命论

   C. 历史唯物主义 　　　　　　　　　D. 朴素唯物主义

9. "劳动创造了人本身"是恩格斯的著名论断，这个重要命题表明了什么？ （ ）

   A. 没有劳动，就没有人类社会的发展

   B. 劳动就是为了实现自我价值

   C. 劳动可以获得赖以生存的报酬

   D. 劳动就是为了提高生活质量

10. "劳动是财富之父，土地是财富之母"是谁提出的？ （ ）

    A. 马克思 　　　　　　　　　　　　B. 恩格斯

    C. 威廉·配第 　　　　　　　　　　D. 毛泽东

（二）多项选择题

1. 劳动教育的关键环节包括下列哪些？ （　　　　）

    A. 讲解说明　　　　　　　　　　B. 淬炼操作

    C. 项目实践　　　　　　　　　　D. 反思交流

    E. 榜样激励

2. 大中小学每学年设立劳动周，可以采用哪些形式开展活动？ （　　　　）

    A. 专题讲座　　　　　　　　　　B. 主题教育

    C. 劳动技能竞赛　　　　　　　　D. 劳动成果展示

    E. 劳动项目实践

3. 在社会生活和主体社会实践活动中形成的价值观具有哪些功能？ （　　　　）

    A. 导向功能　　　　　　　　　　B. 规范功能

    C. 凝聚功能　　　　　　　　　　D. 激励功能

4. 马克思主义价值观包括下列哪些？ （　　　　）

    A. 马克思主义政治价值观

    B. 马克思主义经济价值观

    C. 马克思主义文化价值观

    D. 马克思主义生态价值观

5. 劳动教育的基本理念是什么？ （　　　　）

    A. 强化劳动观念，弘扬劳动精神

    B. 强调身心参与，注重手脑并用

    C. 继承优良传统，彰显时代特征

    D. 发挥主体作用，激发创新创造

（三）判断题

1. 劳动创造了人和人类社会。 （　　）

2. 劳动是一切社会财富的源泉。 （　　）

3. 恩格斯指出，劳动是一切人类生活的第一个基本条件，而且达到这种程度，以致我们在某种意义上不得不说："劳动创造了人本身。" （　　）

4. 劳动和奉献是实现人生价值的必由之路。 （　　）

5. 劳动是生物人转变成社会人的基础。 （　　）

6. 马克思主义劳动价值观是以劳动为主题并由劳动支撑的价值观。 （　　）

7. 劳动是实现人全面发展的唯一途径。 （　　）

8. 劳动是马克思用以分析人类历史发展的核心范畴之一。 （　　）

9. 劳动教育是中国特色社会主义教育制度的重要内容，直接决定社会主义建设者和接班人的劳动精神面貌、劳动价值取向和劳动技能水平。 （　　）

10. 社会主义劳动教育的核心目标只能是促进学习者形成正确的劳动价值观。 （　　）

二、现象反思

根据本模块的学习进行现象反思,填写下表。

现 象	问 题	观 点	改 进
现象一			
现象二			
现象三			

三、劳动实践

劳动实践周是为了强化学生的劳动教育,学校每周安排一个班级的学生停课,开展为期一周的专题劳动实践教育活动,劳动实践内容包括校园内卫生保洁、门卫执勤、宿管执勤、食堂勤杂工、浴室执勤、超市巡查员、学工管理执勤等,并在劳动实践之余开设生活大讲堂等教育活动。通过劳动实践周的常态化开展,教育引导学生崇尚劳动、尊重劳动,培养劳动精神和吃苦耐劳的精神,同时掌握一定的劳动技能,也为综合职业素养的提升打好基础。请选择某一主题活动进行劳动实践,并根据实践活动的情况填写下表。

班　级		姓　名		学　号	
指导教师		活动时间		活动地点	
活动主题					
课后应用	将本模块所学知识应用在学习和生活中并进行简要记录				
学习感想	结合教与学两方面,写出自己的收获,并提出自己的建议(200~300 字)				
备注					

四、拓展学习

(一) 经典视频

1.《劳动铸就中国梦》之劳动改变命运

中华人民共和国成立后,在当时一穷二白的情况下,短短几年时间里,原子弹爆炸成功,人造卫星升空,向世界宣告着中国正在迎头赶上。而这背后,是一批批像邓稼先、李四光这样默默奉献着的劳动者,也是一批批无名英雄,用他们的双手艰辛地付出,加快了追赶的速度。在第三套人民币上,劳动人民的群像成了人民币的图案形象。红旗渠就是当时劳动者火热建设场面的一个缩影,也代表了那个时代的劳动精神。新时代下,改革开放带来了崭新机遇,涌现出了一大批优秀企业。这一切,都寄托着中华民族的伟大复兴之梦。这一切,都根植于一个个普通劳动者的辛勤、诚实、极具创造性的劳动。

(资料来源:央视网)

2.《我劳动,我快乐》

节目通过讲述普通劳动者在工作中获得的快乐,让我们再次感受到每一位平凡的劳动者都是一颗璀璨耀眼的星星,他们在自己的岗位上开拓创新、不畏艰难地为国家贡献出自己的一份力量,在平凡的岗位上尽心尽责、发光发热,描绘出了一幅幅劳动最光荣、奋斗最美丽的美好画面。节目列示:第一集,"码农"的快乐。第二集,悬崖峭壁显身手。第三集,医者仁心!用琴声感动网友。第四集,晒晒我的劳动记忆。第五集,我是三沙"搬砖哥"。第六集,援非护士:用手机照明完成手术。第七集,30年前的工资条。

(视频来源:央视网)

3.《劳动与梦想》系列视频

节目讲述了导弹火药微整形师徐立平、导弹精确制导部件研磨师巩鹏、文物修复师屈峰和陈杨、高级工艺美术技师孟剑锋、家政达人麻月琼、拉面大师马文斌、棒棒工人冉光辉、种粮大户雷应国、水稻种植与销售商李珊珊、弃商回村的村支书王家元、"机器人爸爸"周剑以及纳恩博团队用双手创造奇迹和财富、用劳动托起梦想与未来的感人故事。这群不平凡劳动者的成功之路,不是进名牌大学、拿耀眼文凭,而是默默坚守、孜孜以求,在平凡岗位上追求职业技能的完美和极致,最终脱颖而出,成为一个领域不可或缺的人才。节目列示:第一集,劳动创造伟大。第二集,劳动创造美。第三集,劳动创造幸福。第四集,劳动创造财富。第五集,劳动创造未来。

(视频来源:央视网)

(二) 新闻采风

劳动之星

全国各地涌现出许多劳动之星,他们活跃在各自的岗位上,展现了一幕幕劳动美的画面。

(新闻来源:中工网—媒体协作网—劳动之星)

(三) 政策前沿

《中共中央 国务院关于全面加强新时代大中小学劳动教育的意见》。

(资料来源:新华社)

五、素养测评

根据本模块的学习情况进行劳动素养测评，并填写测评表。

评价内容	评价维度	评价依据	评价分数	评价人	备注说明
项目一	基本认知				
	行动计划				
	反思精进				
项目二	基本认知				
	行动计划				
	反思精进				
项目三	基本认知				
	行动计划				
	反思精进				
项目四	基本认知				
	行动计划				
	反思精进				

模块二　综　合　实　训

一、自我测试

(一) 单项选择题

1. "专心致志,以事其业"体现的精神是什么? 　　　　　　　　　　　　(　　　)
   A. 勤奋　　　　　　　　　　　　　　　B. 敬业
   C. 精益求精　　　　　　　　　　　　　D. 信念

2. 在现代工业文明中,能够综合体现精益求精、务实创新、踏实专注及恪守信誉等行为准则的是什么? 　　　　　　　　　　　　　　　　　　　　(　　　)
   A. 专业精神　　　　　　　　　　　　　B. 职业态度
   C. 人文素养　　　　　　　　　　　　　D. 工匠精神

3. 工匠做好工作、成就事业的前提条件和必须具备的基本素养是什么? 　(　　　)
   A. 知识广博　　　　　　　　　　　　　B. 管理水平高
   C. 责任心强　　　　　　　　　　　　　D. 性格温和

4. 庄子笔下的"庖丁解牛""运斤成风"等体现的技术价值观念是指下列哪一种?
   　　　　　　　　　　　　　　　　　　　　　　　　　　　　　　　(　　　)
   A. 向善　　　　　　　　　　　　　　　B. 求精
   C. 道技合一　　　　　　　　　　　　　D. 重义轻利

5. 全面实行工匠职业从业资格考试制度和工匠技能等级认证制度的是哪个国家?
   　　　　　　　　　　　　　　　　　　　　　　　　　　　　　　　(　　　)
   A. 德国　　　　　B. 美国　　　　　C. 法国　　　　　D. 日本

6. 靠制表匠们对每一块手表都精心打磨、专心雕琢而以手表誉满天下、畅销世界的是哪个国家? 　　　　　　　　　　　　　　　　　　　　　　　　　(　　　)
   A. 日本　　　　　B. 瑞士　　　　　C. 德国　　　　　D. 英国

7. 《中共中央 国务院关于全面加强新时代大中小学劳动教育的意见》是什么时间印发的? 　　　　　　　　　　　　　　　　　　　　　　　　　　　　(　　　)
   A. 2020 年 3 月　　　　　　　　　　　B. 2021 年 3 月
   C. 2020 年 7 月　　　　　　　　　　　D. 2020 年 4 月

8. 劳模所体现出来的什么特质,代表着一个时代的价值观、道德观和精神风貌?
   　　　　　　　　　　　　　　　　　　　　　　　　　　　　　　　(　　　)
   A. 人文精神　　　　　　　　　　　　　B. 道德行为
   C. 素质品行　　　　　　　　　　　　　D. 素养内涵

9. 中国制造转型的精神支撑是什么? 　　　　　　　　　　　　　　　(　　　)
   A. 劳动精神　　　　　　　　　　　　　B. 工匠精神
   C. 劳模精神　　　　　　　　　　　　　D. 都不是

10．"故宫男神"是指谁？ （   ）

　　A. 王曦　　　　　　B. 王冕　　　　　　C. 王堂　　　　　　D. 王津

（二）多项选择题

1．劳动精神在行为实践上表现为劳动者的哪些方面？ （   ）

　　A. 辛勤劳动　　　　　　　　　　B. 诚实劳动

　　C. 创造性劳动　　　　　　　　　D. 以上都不是

2．下列关于工匠精神的称呼正确的是哪些？ （   ）

　　A. 在德国被称为"劳动精神"

　　B. 在美国被称为"职业精神"

　　C. 在日本被称为"匠人精神"

　　D. 在韩国被称为"达人精神"

3．下列哪些是工匠应有的素养？ （   ）

　　A. 专门的技术制作专长

　　B. 广博的知识体系

　　C. 一定的艺术设计能力

　　D. 技艺传承的教育意识

4．在现代工业文明中，工匠精神综合体现的行为准则有哪些？ （   ）

　　A. 精益求精　　　　　　　　　　B. 务实创新

　　C. 踏实专注　　　　　　　　　　D. 恪守信誉

5．劳模精神是指什么？ （   ）

　　A. 爱岗敬业　　　　　　　　　　B. 争创一流

　　C. 艰苦奋斗　　　　　　　　　　D. 勇于创新

　　E. 淡泊名利　　　　　　　　　　F. 甘于奉献

（三）判断题

1．现实社会的生活节奏快、生活压力大导致人们心浮气躁，竞相追求"短、平、快"的即时利益，从而忽略了产品的质量和效益。 （   ）

2．与工程师相比，工匠的作用主要在于实际操作。 （   ）

3．专业精神包括工匠自身的技能、技艺和技术，是工匠精神的基本载体。 （   ）

4．劳模精神在理念认知上表现为全社会尊重劳动、崇尚劳动、热爱劳动。 （   ）

5．我国传统文化一向推崇对劳动实践的认同、对劳动精神的传承、对劳动文化的传播。 （   ）

6．工匠精神是制造业的主导。 （   ）

7．劳动精神是成为人的精神，工匠精神是成为更加优秀的人的精神，劳模精神则是成为影响别人的人的精神。 （   ）

8．企业要打造一流产品，员工就要对自己的工作有高度的责任心。 （   ）

9．劳模精神是劳模之所以成为劳模的原因，是在平凡岗位上做出不平凡业绩所坚持、坚守、坚定的基本信念、价值追求、人生境界及其展现出的整体精神风貌。 （   ）

10．劳模精神和劳动精神的关系是部分和整体的关系。 （   ）

二、现象反思

根据本模块的学习进行现象反思,填写下表。

现 象	问 题	观 点	改 进
现象一			
现象二			
现象三			

三、劳动实践

要求依据地方优势资源,充分关注科技发展和产业变革带来的劳动新形态,例如:"农业+""工业+""科技+""生态+""文化+""企业+"等,选择生产劳动、生活劳动、服务性劳动、创造性劳动等形式,进行一项劳动实践体验,并填写下表。

班　级		姓　名		学　号	
指导教师		活动时间		活动地点	
活动主题					
课后应用	将本模块所学知识应用在学习和生活中并进行简要记录				
学习感想	结合教与学两方面,写出自己的收获,并提出自己的建议(200~300字)				
备注					

四、拓展学习

（一）经典视频

1.《劳动铸就中国梦》之劳动缔造幸福

劳动满足了人们对于温饱的需求，劳动提升了生活品质，劳动也缔造了人类的幸福。节目从幸福的不同层次阐述了劳动是如何缔造幸福的。基层电工、公益人员、普通厨师、建筑工人，每天都在用平凡却伟大的劳动创造着属于自己的幸福。

（资料来源：央视网）

2.《大国工匠》系列视频

节目中讲述了为长征火箭焊接发动机的国家高级技师高凤林等8位不同岗位劳动者。叙述了他们用自己的灵巧双手匠心筑梦的故事。

节目列示：

第一集，大勇不惧。

第二集，大术无极。

第三集，大巧破难。

第四集，大艺法古。

第五集，大工传世。

第六集，大技贵精。

第七集，大道无疆。

第八集，大任担当。

（视频来源：央视网）

请同学们观看相关视频，浏览相关政策链接，体会工匠精神的精髓。

（二）政策前沿

1.《中共中央 国务院关于全面加强新时代大中小学劳动教育的意见》

劳动教育是中国特色社会主义教育制度的重要内容，直接决定社会主义建设者和接班人的劳动精神面貌、劳动价值取向和劳动技能水平。为构建德智体美劳全面培养的教育体系、加强新时代大中小学劳动教育，2020年3月20日，中共中央、国务院印发了《中共中央 国务院关于全面加强新时代大中小学劳动教育的意见》。

（资料来源：中国政府网）

2.《人力资源社会保障部 财政部关于全面推行企业新型学徒制的意见》

《意见》指出，为贯彻落实党的十九大精神，加快建设知识型、技能型、创新型劳动者大军，按照中共中央、国务院《新时期产业工人队伍建设改革方案》《国务院关于推行终身职业技能培训制度的意见》有关要求和全国教育大会有关精神，在前期试点工作基础上，全面推行企业新型学徒制。

（资料来源：人力资源社会保障部网）

五、素养测评

根据本模块的学习情况进行劳动素养测评，并填写测评表。

评价内容	评价维度	评价依据	评价分数	评价人	备注说明
项目一	基本认知				
	行动计划				
	反思精进				
项目二	基本认知				
	行动计划				
	反思精进				
项目三	基本认知				
	行动计划				
	反思精进				

模块三　综合实训

(一) 单项选择题

1. 全国五一劳动奖章获得者温小珍的工作是什么？　　　　　　　　　　(　　　)

    A. 车间工人　　　　　　　　　　　B. 清洁工人

    C. 煤炭工人　　　　　　　　　　　D. 石油工人

2. 我国"十四五"建设期间将迎来几亿老龄人口？　　　　　　　　　　(　　　)

    A. 2　　　　　　　　　　　　　　　B. 3

    C. 4　　　　　　　　　　　　　　　D. 5

3. 《中华人民共和国劳动法》是什么时间颁布的？　　　　　　　　　　(　　　)

    A. 1995 年 7 月 5 日　　　　　　　　B. 1995 年 5 月 1 日

    C. 1994 年 7 月 5 日　　　　　　　　D. 1994 年 5 月 1 日

4. 高凤林是哪一年获得"全国劳动模范"荣誉称号的？　　　　　　　　(　　　)

    A. 2015 年　　　　　　　　　　　　B. 2016 年

    C. 2017 年　　　　　　　　　　　　D. 2018 年

5. 下列选项中,哪一类不属于第一产业？　　　　　　　　　　　　　　(　　　)

    A. 农业　　　　　　　　　　　　　B. 林业

    C. 渔业　　　　　　　　　　　　　D. 机器人

6. 下列选项中,属于劳动力供给与市场需求不匹配的原因的是哪一项？　　(　　　)

    A. 新产业的出现　　　　　　　　　B. 人口多

    C. 经济下滑　　　　　　　　　　　D. 人口老龄化

7. 工业是我国的第几产业？　　　　　　　　　　　　　　　　　　　　(　　　)

    A. 一　　　　　　　　　　　　　　B. 二

    C. 三　　　　　　　　　　　　　　D. 四

8. 形成现代工业生产制造流水线的最主要的产品是什么？　　　　　　　(　　　)

    A. 摩托　　　　　　　　　　　　　B. 汽车

    C. 飞机　　　　　　　　　　　　　D. 轮船

9. 什么精神是高尚的,是志愿服务精神的精髓？　　　　　　　　　　　(　　　)

    A. 无私奉献　　　　　　　　　　　B. 助人为乐

    C. 奉献精神　　　　　　　　　　　D. 为人民服务

10. 公益劳动目的在于培养学生为人民服务、为公众谋(　　　　)的良好思想品德;推动学生接触社会,深入生活,参加社会(　　　　)活动,形成良好社会风尚。　(　　　)

    A. 福利;实践　　　　　　　　　　B. 利益;实习

    C. 福利;实习　　　　　　　　　　D. 利益;实践

（二）多项选择题

1. 当代大学生可以通过以下哪些形式参加日常劳动实践？　　　　　　（　　　　）

    A. 做家务　　　　　　　　　　　　B. 整理内务

    C. "三下乡"活动　　　　　　　　　D. 做好校园清洁

2. 下列选项哪些是从事日常生活劳动对个人的益处？　　　　　　　　（　　　　）

    A. 实现自我认知　　　　　　　　　B. 优化性格秉性

    C. 培养责任意识　　　　　　　　　D. 坚定理想信念

3. 下列选项哪些属于现代机械在农业中的应用？　　　　　　　　　　（　　　　）

    A. 无人机喷洒农药　　　　　　　　B. 农田排灌机械

    C. 铣床　　　　　　　　　　　　　D. 土壤耕作机械

4. 下列选项哪些属于生产劳动工具？　　　　　　　　　　　　　　　（　　　　）

    A. 钳子　　　　　　　　　　　　　B. 锤子

    C. 铣床　　　　　　　　　　　　　D. 农药喷洒机

5. 创新创业劳动包括下列哪些项目？　　　　　　　　　　　　　　　（　　　　）

    A. 创新思维劳动

    B. 新媒体营销策划劳动

    C. 创新劳动实践

    D. 创业劳动

（三）判断题

1. 日常劳动指为满足家庭生活中的衣食住行而付出的体力劳动，有利于帮助个人明确自我认知。　　　　　　　　　　　　　　　　　　　　　　　　　　（　　　）

2. 面对人口老龄化的社会背景，当代大学生应该挑起家中的劳动责任，力所能及地为家庭贡献自己的劳动力量。　　　　　　　　　　　　　　　　　　　　（　　　）

3. 当代大学生可以通过参加植树节、环境保护、"三下乡"等社会实践活动来参与日常劳动实践。　　　　　　　　　　　　　　　　　　　　　　　　　　（　　　）

4. 日常生活劳动仅限于体力劳动。　　　　　　　　　　　　　　　　　（　　　）

5. 劳动实践应当采用家庭劳动、学校劳动和社会实践相结合的方式进行。（　　　）

6. 学校应逐步完善劳动实践教室、实训基地。　　　　　　　　　　　　（　　　）

7. 传统生产劳动主要特点是生产规模小、原料和能源消耗量小。　　　　（　　　）

8. 电脑、笔均不属于生产劳动工具。　　　　　　　　　　　　　　　　（　　　）

9. "郭明义爱心团队"成立于 2009 年 7 月。　　　　　　　　　　　　　（　　　）

10. 创新必须具有商业价值才能被称为真正的创新。　　　　　　　　　（　　　）

二、现象反思

    根据本模块的学习进行现象反思，填写下表。

现　象	问　题	观　点	改　进
现象一			
现象二			
现象三			

三、劳动实践

　　根据自身实际情况,结合所在家庭和学校,从日常生活劳动、生产劳动、服务性劳动的工具使用等方面入手,以解决实际问题为根本出发点,可以选择为家人洗衣服、做饭、参加志愿服务劳动、专业实习等劳动形式,进行一次劳动实践。重点培养良好的劳动习惯,学会基本的劳动技能,熟练使用相关劳动工具,掌握认识社会、探究社会问题的基本能力。结合劳动情况填写下表。

班　级		姓　名		学　号	
指导教师		活动时间		活动地点	
活动主题					
课后应用	将本模块所学知识应用在学习和生活中并进行简要记录				
学习感想	结合教与学两方面,写出自己的收获,并提出自己的建议(200～300 字)				
备注					

四、拓展学习

(一) 经典视频

1.《国风》系列纪录片

劳动是人类社会生存和发展的基础,参与劳动有助于培养坚韧不拔的品质和持之以恒的毅力。用智慧与双手可以自主创造美好的未来。纵观历史,正是劳动人民用勤劳的双手不断推动社会进步,缔造更加美好的生活。

(视频来源:央视网)

2.《柴米油盐之上》系列纪录片

纪录片以一群鲜活的中国基层人物为主角。这些人物有在云南山区的支部书记,也有走出山村的女司机,有被伤痛缠身的杂技演员,还有从砍柴少年白手起家成为民营企业家的成功人士。他们都出生于贫困之家,也都凭借自身的努力劳动逐步实现自己的理想与目标。

节目列示:

第一集,开勇:村支书"翻山越岭"帮扶贫困户。

第二集,琳宝:95后女卡车司机的独立宣言。

第三集,怀甫:一部新时代农村青年的奋斗史。

第四集,子胥:中国快递江湖的跌宕往事。

(二) 新闻采风

1.《青岛城阳区创新举措促进学生全面发展——培养生活技能 传承劳动文化》

"夏家农场"是城阳区教育和体育局鼓励学校建立的一种新的学农实践基地。城阳区积极统筹各类教育资源,利用菜篮子基地、研学旅行场所、社会课堂等,深入开展"寻访菜农"、职业体验等活动,不断探索新的教育模式,引导同学们参与劳动、爱上劳动,以劳动为美、在劳动中成长。自从有了小果园"夏家农场",同学们都越来越热爱劳动了,不仅玩得开心,上课也更专心了。

(资料来源:人民日报)

2.《核心舱机械臂 天地通信"天路"——多项技术突破为出舱活动保驾护航》

航天服手套充压后操作不便、单手操作难度大、在轨防飘要求高……开展舱外作业时,航天员面临诸多挑战。作为航天员执行出舱任务的"机械伙伴",舱外维修与辅助工具可以协助航天员有效克服这些困难。舱外维修与辅助工具不仅有用于舱外设备维修的舱外电动工具、舱外扳手、通用把手等维修工具,也有配合航天员舱外姿态稳定及转换的便携式脚限位器、舱外操作台等辅助工具。

(资料来源:新华社)

3.《全总召开学习贯彻习近平总书记在全国劳动模范和先进工作者表彰大会上的重要讲话精神座谈会》

全国总工会以电视电话会议形式召开座谈会,学习贯彻习近平总书记在全国劳动模范和先进工作者表彰大会上的重要讲话精神。

(资料来源:新华社)

(三) 政策前沿

1.《发挥好劳动教育的综合育人功能》

(资料来源：人民网)

2.《光荣属于劳动者 幸福属于劳动者》

(资料来源：央广网)

3.《人力资源社会保障部关于印发"技能中国行动"实施方案的通知》

(资料来源：中国政府网)

五、素养测评

根据本模块的学习情况进行劳动素养测评，并填写测评表。

评价内容	评价维度	评价依据	评价分数	评价人	备注说明
项目一	基本认知				
	行动计划				
	反思精进				
项目二	基本认知				
	行动计划				
	反思精进				
项目三	基本认知				
	行动计划				
	反思精进				

模块四　综 合 实 训

一、自我测试

(一) 单项选择题

1. 劳动模范吴喜军是从事什么职业的工人？ （　　　）
   A. 养路工人　　　　　　　　　B. 铁路工人
   C. 煤炭工人　　　　　　　　　D. 石油工人

2. 爱因斯坦说："如果青年人通过体操和走路训练了他的肌肉和体力的耐劳性，以后他就会适应任何体力劳动。思想的训练以及智力和手艺方面的技能锻炼也类似这样。"这段文字出自哪本书？ （　　　）
   A.《论科学》　　　　　　　　　B.《论教育》
   C.《论人生》　　　　　　　　　D.《我的人生观》

3. 叶圣陶先生说："教育是什么？往简单方面说，就是培养……"叶圣陶说的是培养什么？ （　　　）
   A. 习惯　　　　　　　　　　　B. 兴趣
   C. 爱好　　　　　　　　　　　D. 知识

4. 作为医疗界唯一代表入选由中宣部、全国总工会和中央电视台联合制作的新闻专题片《大国工匠》的我国著名消化道治疗专家是谁？ （　　　）
   A. 高凤林　　　　　　　　　　B. 马荣
   C. 袁隆平　　　　　　　　　　D. 周平红

5. 习近平总书记指出："大力弘扬劳模精神、劳动精神、工匠精神，激励更多劳动者特别是青年一代走技能成才、技能报国之路，培养更多高技能人才和……"总书记所说的与"高技能人才"并列的是什么类型的人？ （　　　）
   A. 大国工匠　　　　　　　　　B. 吃苦人才
   C. 能工巧匠　　　　　　　　　D. 奋斗者

6. 2024 年，我国高校毕业生总数是多少万人？ （　　　）
   A. 600　　　　　　　　　　　B. 700
   C. 800　　　　　　　　　　　D. 1 100

7. 全国劳动模范张华的工作是维修什么？ （　　　）
   A. 火车　　　　　　　　　　　B. 高铁
   C. 汽车　　　　　　　　　　　D. 电动车

8. 习近平总书记指出，要建设"知识型""技能型"与（　　　）的劳动者大军？ （　　　）
   A. "创新型"　　　　　　　　　B. "吃苦型"
   C. "奋斗型"　　　　　　　　　D. "学习型"

9. 马荣从事的是什么职业？ （　　　）

    A. 美术师　　　　　　　　　　B. 画师

    C. 美容师　　　　　　　　　　D. 人民币人像雕刻师

10. 马宇从事的是什么职业？ （　　　）

    A. 美术师　　　　　　　　　　B. 画师

    C. 文物修复师　　　　　　　　D. 雕刻师

（二）多项选择题

1. 习近平总书记指出："广大青年要培养奋斗精神，做到……，顽强拼搏，永不气馁。"
请选择合适的选项补充省略的内容。 （　　　）

    A. 理想坚定　　　　　　　　　B. 信念执着

    C. 不怕困难　　　　　　　　　D. 勇于开拓

2. 实现我们确立的奋斗目标，归根到底要靠什么？ （　　　）

    A. 辛勤劳动　　　　　　　　　B. 诚实劳动

    C. 科学劳动　　　　　　　　　D. 认真负责

3. 习近平总书记强调："要在学生中弘扬劳动精神，教育引导学生崇尚劳动、尊重劳
动，懂得……的道理，长大后能够辛勤劳动、诚实劳动、创造性劳动。" （　　　）

    A. 劳动最光荣　　　　　　　　B. 劳动最崇高

    C. 劳动最伟大　　　　　　　　D. 劳动最美丽

4. 习近平总书记指出："要大力弘扬……精神。"请选择合适的选项补充省略的内容。

（　　　）

    A. 劳模　　　　　　　　　　　B. 劳动

    C. 工匠　　　　　　　　　　　D. 吃苦

5. 一个高素质的劳动者应该具备哪些优秀品质？ （　　　）

    A. 精益求精　　　　　　　　　B. 追求极致

    C. 专业专注　　　　　　　　　D. 自律自省

（三）判断题

1. "古之立大事者，不惟有超世之才，亦必有坚忍不拔之志"的作者是苏轼。 （　　　）

2. "合抱之木，生于毫末；九层之台，起于累土；千里之行，始于足下。"这句话的作者是
孔子。 （　　　）

3. 张华是高铁维修技师。 （　　　）

4. "离开劳动，不可能有真正的教育"的作者是苏霍姆林斯基。 （　　　）

5. "人生在勤，不索何获"出自《左传》。 （　　　）

6. "论先后，知为先；论轻重，行为重。"这句话的作者是朱熹。 （　　　）

7. 人社部数据显示，2024年，中国技能人才总量超过2亿人，高技能人才超过6 000
万，占技能人才的比例约为30%。 （　　　）

二、现象反思

根据本模块的学习进行现象反思，填写下表。

现　　象	问　　题	观　　点	改　　进
现象一			
现象二			
现象三			

三、劳动实践

根据自身实际情况，结合所在学校或单位的发展，从劳动、科技、国防、法制、环保等方面入手，以解决实际问题为根本出发点，可以选择社团活动、调查活动、校内劳动等形式（如到军营参观、到工厂劳动、参加学校卫生清洁等），进行一项劳动体验。重点培养良好的劳动习惯，学会基本的劳动技能，形成认识社会、探究社会问题的基本能力。结合劳动体验情况填写下表。

班　级		姓　名		学　号	
指导教师		活动时间		活动地点	
活动主题					
课后应用	将本模块所学知识应用在学习和生活中并进行简要记录				
学习感想	结合教与学两方面,写出自己的收获,并提出自己的建议(200～300 字)				
备　注					

四、拓展学习
(一) 经典视频

纪录片《大国质量》紧扣"质量"这一话题,以全球视野和历史思维,通过讲述世人追求"质量"的众多鲜活故事、剖析古今中外"质量"管理的一些生动案例,将真实的"质量"、全面的"质量"、立体的"质量"、内涵丰富的"质量"呈现在公众面前。同时,围绕"质量强则国家强,质量兴则民族兴"这个主题,通过对质量发展的回顾、对质量问题的反思、对质量规律的探索、对质量前景的展望,探讨我国高质量发展的重要意义和实践途径。

节目列示:
第一集,质量时代。
第二集,强国之基。
第三集,天下规则。
第四集,信仟从林。
第五集,风云再起。

(视频来源:中国纪录片网)

(二) 新闻采风

2020 年 11 月 24 日,全国劳动模范和先进工作者表彰大会在北京人民大会堂隆重举行。中共中央总书记、国家主席、中央军委主席习近平出席大会并发表重要讲话。习近平强调:"光荣属于劳动者,幸福属于劳动者。""社会主义是干出来的,新时代是奋斗出来的。"

(资料来源:中国政府网)

(三) 政策前沿

《习近平对职业教育工作作出重要指示》
(资料来源:中国政府网)

五、素养测评

根据本模块的学习情况进行劳动素养测评,并填写测评表。

评价内容	评价维度	评价依据	评价分数	评价人	备注说明
项目一	基本认知				
	行动计划				
	反思精进				

续　表

评价内容	评价维度	评价依据	评价分数	评价人	备注说明
项目二	基本认知				
	行动计划				
	反思精进				
项目三	基本认知				
	行动计划				
	反思精进				

模块五 综合实训

一、自我测试

(一) 单项选择题

1. 劳动合同可以约定试用期,试用期最长不得超过多久? (   )
   A. 3 个月   B. 6 个月
   C. 8 个月   D. 12 个月

2. 我们国家安全生产的方针是什么? (   )
   A. 安全保证生产,生产必须安全
   B. 安全第一,质量第一
   C. 安全第一,预防为主,综合治理
   D. 生命无价,安全第一

3. 培养德智体美劳全面发展的社会主义建设者和接班人,就是要培养学生长大以后能够辛勤劳动、诚实劳动和⋯⋯,要让良好的劳动习惯外化于行,使劳动创新成为推动民族复兴、创造历史的驱动力。请选择合适的选项补充省略的内容。 (   )
   A. 创造性劳动   B. 创新性劳动
   C. 开创性劳动   D. 开拓性劳动

4. 习近平总书记倡导创造性劳动,他说:"中华民族是勤于劳动、善于创造的民族。正是因为⋯⋯,我们拥有了历史的辉煌;也正是因为⋯⋯,我们拥有了今天的成就。"请选择合适的选项补充省略的内容。 (   )
   A. 诚实劳动   B. 创造劳动
   C. 劳动创造   D. 辛勤劳动

5. 第一次工业革命的标志性事件是什么? (   )
   A. 第一台纺织机的发明与应用
   B. 电脑的应用
   C. 电动机的发明
   D. PLC 的广泛应用

6. 目前,劳动工具已经发展到什么时代? (   )
   A. 简单工具时代   B. 天然动力时代
   C. 电气化时代   D. 智能化时代

7. 目前,新疆的棉田最先进的收割棉花方式是什么? (   )
   A. 人手工摘棉花
   B. 有人驾驶收棉花农机
   C. 无人驾驶收棉花农机
   D. 无人机收棉花

8. 按照国家卫健委倡导的健康生活理念要求,践行"5125"健康生活理念。关于 "5125",以下描述错误的是哪一项? （ ）

A. 每天给自己留 5 分钟发呆时间

B. 每天运动 1 小时、掌握 1 项运动技巧和加入 1 个运动社群

C. 按照新版《中国居民膳食指南》的建议,每天摄入 12 种以上食物,每周摄入 25 种以上食物,做到膳食多样化

D. 每天食盐摄入不超过 5 克

9. 近年来,随着人们生活水平的不断提高,慢性病(如高血压、高血糖、高血脂等疾病)逐步成为威胁国人健康的头号公敌。为此,国家卫健委启动了"三减三健"的专项行动,倡导健康的生活方式。关于"三减三健",以下描述正确的是哪一项? （ ）

A. "减盐、减油、减糖,健康口腔、健康体重、健康骨骼"

B. "减盐、减油、减脂,健康口腔、健康体重、健康大脑"

C. "减盐、减油、减糖,健康牙齿、健康体重、健康大脑"

D. "减盐、减糖、减脂,健康牙齿、健康体重、健康骨骼"

10. 某高职院校开展了"快乐劳动,体验生活"主题实践活动,很多同学积极参加家务劳动和学校劳动,还走进社区从事公益劳动。经过一个学期的实践,同学们对劳动有了更深刻的认识。以下说法错误的是哪一项? （ ）

A. 劳动是创造财富的重要源泉

B. 劳心者治人,劳力者治于人

C. 劳动丰富了精神世界,生活因劳动而精彩

D. 要热爱劳动,反对好逸恶劳的思想和行为

(二) 多项选择题

1. 下列选项中哪些属于劳动者享有的基本权利? （ ）

A. 平等就业和选择职业的权利

B. 休息休假的权利

C. 社会保险和福利的权利

D. 获得劳动报酬的权利

2. 习近平总书记指出:"要开展以劳动创造幸福为主题的宣传教育,把劳动教育纳入人才培养全过程,贯通大中小学各学段和家庭、学校、社会各方面,教育引导青少年树立以辛勤劳动为荣、以好逸恶劳为耻的劳动观,培养一代又一代……的高素质劳动者。" （ ）

A. 热爱劳动 B. 勤于劳动 C. 善于劳动

3. 下列说法正确的是? （ ）

A. 未来,人工智能将逐渐替代人的简单重复性劳动

B. 未来信息和数据将成为重要的生产资料

C. 电动机的广泛使用使得人类迈入了"信息化时代"

D. 网络时代什么信息都有，所以不用再学习了

4. 智能化劳动体现在对智能化劳动工具的哪些方面？ （　　　　　）

A. 设计　　　　　　　　　　　B. 研发

C. 控制　　　　　　　　　　　D. 集成

E. 管理

5. 近些年获得全国五一劳动奖章的人员中，既有以建设"国际一流的胰腺肿瘤医教研中心"为目标的复旦大学附属肿瘤医院院长虞先濬；也有曾经背母求学、毕业后放弃高薪工作返回家乡教书育人、以"要想办法在黄泥地种出优质大白菜"的决心默默奉献在教育岗位上的贵州省望谟县实验高中副校长刘秀祥……这说明了什么？

（　　　　　）

A. 我国尊重劳动，尊重劳动者

B. 劳动有分工不同，无高低贵贱之分

C. 劳动者都应受到国家的表彰

D. 对社会有益的劳动，就都是光荣的

（三）判断题

1. 泥瓦匠从事的劳动是体力活，科技含量低，所以泥瓦匠不需要提高自己的科学素养。

（　　　）

2. 劳动者在工作过程中应该严格遵守生产操作规程，以防出现安全事故。 （　　　）

3. "人的自由而全面的发展"是马克思、恩格斯在《共产党宣言》中确立的奋斗目标。

（　　　）

4. "辛勤劳动、诚实劳动、创造性劳动"集中体现了习近平的劳动实践观。 （　　　）

5. 培养德智体美劳全面发展的社会主义建设者和接班人，就是要培养学生长大以后能够辛勤劳动、诚实劳动、创造性劳动，要让良好的劳动习惯外化于行，使劳动创新成为推动民族复兴、创造历史的驱动力。 （　　　）

6. 劳动的本质是创造价值。 （　　　）

7. 不管劳动如何发展，都需要创新精神、劳模精神、劳动精神和工匠精神。 （　　　）

8. 智能化时代让大量工人下岗，所以对人们来说，一点机遇都没有。 （　　　）

9. 劳动虽然有分工不同，却没有高低贵贱之分。凡是在自己的岗位上，勤勤恳恳、兢兢业业为社会创造财富、为人民服务的劳动者，只要他们的劳动对社会有益，就都是光荣的，应该得到全社会的尊重。 （　　　）

10. 无论是工人还是科学家，善于学习新知识、掌握新技术、创新能力强的劳动者都是社会主义现代化建设所需要的新型劳动者。 （　　　）

二、现象反思

根据本模块的学习进行现象反思，填写下表。

现　象	问　题	观　点	改　进
现象一			
现象二			
现象三			

三、劳动实践

请选择以下某一主题进行劳动体验,并根据劳动体验情况,填写下表。

(1)"快乐劳动,体验生活"主题实践活动。

(2)"改善环境,共享健康"义务劳动。

(3)"我为父母(同学)做顿饭"主题实践活动。

(4)"全民健康生活方式日"主题活动(活动现场设有健康义诊、健康知识问答、派发健康宣传单、发放健康支持性工具等环节)。

(5)"关注粮食危机,珍惜劳动成果"主题团日活动。

班　级		姓　名		学　号	
指导教师		活动时间		活动地点	
活动主题					
课后应用	将本模块所学知识应用在学习和生活中并进行简要记录				
学习感想	结合教与学两方面,写出自己的收获,并提出自己的建议(200～300字)				
备注					

四、拓展学习

(一) 经典视频

1.《世界人工智能大会》系列视频

经过近70年的迭代演进,人工智能已经从1956年达特茅斯会议上应运而生的概念变为如今触手可及的现实,成为新一轮科技革命和产业变革的重要驱动力量,正在对世界经济发展、科技创新、社会进步等方面产生重大而深远的影响。目前,中国与世界也将进入一个全新的发展阶段,人工智能的变革与引领将变得尤为重要。

(视频来源:世界人工智能大会官网)

2.《健康中国》系列视频

《健康中国》栏目是一个全国几百家市县电视台的联播节目,致力于健康医疗的科普,为百姓解读常见疾病的诊断和预防方法。

(视频来源:央视网)

(二) 新闻采风

《每周质量报告》,餐饮浪费现象调查,CCTV-13新闻频道。

吃好喝好是一种生活品质,但是糟蹋粮食就没有品质了,我们走过餐厅的时候经常会看到一桌桌剩饭剩菜被扔在那儿,经过一些单位的垃圾桶也总能看到被扔的剩饭剩菜挤成一堆,而比这更加可怕的是很多人对这样的"舌尖上的浪费"就像是没有看到一样,司空见惯、习以为常。

(视频来源:央视网)

(三) 政策前沿

(1)《中华人民共和国反食品浪费法》。

(资料来源:中国人大网)

(2)《国务院关于实施健康中国行动的意见》。

(资料来源:中国政府网)

五、素养测评

根据本模块的学习情况进行劳动素养测评,并填写测评表。

评价内容	评价维度	评价依据	评价分数	评价人	备注说明
项目一	基本认知				
	行动计划				
	反思精进				

续　表

评价内容	评价维度	评价依据	评价分数	评价人	备注说明
项目二	基本认知				
	行动计划				
	反思精进				
项目三	基本认知				
	行动计划				
	反思精进				

模块六 劳动能力测评

项目一 任务一

劳动内容		
评价项目	评价主体	
	自我评价	对方评价
理论技巧		
操作技巧		
劳动成果展示 （可附照片）		
劳动心得		
改进措施		

项目一　任务二

劳动内容		
评价项目	评价主体	
	自我评价	对方评价
护理意识		
操作技巧		
劳动心得		
改进措施		

项目一　任务三

劳动内容		
评价项目	评价主体	
	自我评价	对方评价
理论技巧		
操作技巧		
劳动心得		
改进措施		

项目二   任务一

劳动内容			
评价项目	评价主体		
	自我评价	组长评价	对方评价
劳动意识			
吃苦耐劳			
团队合作			
责任担当			
劳动心得			
改进措施			

项目二　任务二

实践内容								
学生姓名			劳动时间					
责任分工								
劳动内容	□课程实验　□实习实训　□卓越技师　□技能竞赛　□其他活动							
自我评价	整理	整顿	清扫	清洁	素养	安全	学习	节约
组长评价								
教师评价								
劳动心得								
改进措施								

项目二　任务三

劳动内容			
评价项目	评价主体		
	自我评价	组长评价	对方评价
劳动意识			
吃苦耐劳			
团队合作			
沟通协调			
责任担当			
劳动心得			
改进措施			

项目三　任务一

劳动内容			
评价项目	评价主体		
	自我评价	组长评价	对方评价
劳动意识			
吃苦耐劳			
团队合作			
沟通协调			
责任担当			
劳动心得			
改进措施			

项目三   任务二

劳动内容			
评价项目	评价主体		
	自我评价	组长评价	对方评价
劳动意识			
吃苦耐劳			
团队合作			
沟通协调			
责任担当			
劳动心得			
改进措施			

项目三 任务三

劳动内容			
评价项目	评价主体		
	自我评价	组长评价	对方评价
劳动意识			
吃苦耐劳			
团队合作			
沟通协调			
责任担当			
劳动心得			
改进措施			

模块七　劳动能力测评

项目一　任务一

劳动内容			
评价项目	评价主体		
	自我评价	组长评价	对方评价
劳动意识			
吃苦耐劳			
团队合作			
沟通协调			
责任担当			
劳动心得			
改进措施			

项目一　任务二

劳动内容			
评价项目	评价主体		
	自我评价	组长评价	对方评价
劳动意识			
吃苦耐劳			
团队合作			
沟通协调			
责任担当			
劳动心得			
改进措施			

项目一 任务三

劳动内容			
评价项目	评价主体		
	自我评价	组长评价	对方评价
劳动意识			
吃苦耐劳			
团队合作			
沟通协调			
责任担当			
劳动心得			
改进措施			

项目二　任务一

劳动内容			
评价项目	评价主体		
	自我评价	组长评价	对方评价
劳动意识			
吃苦耐劳			
团队合作			
沟通协调			
责任担当			
劳动心得			
改进措施			

项目二　任务二

劳动内容			
评价项目	评价主体		
	自我评价	组长评价	对方评价
劳动意识			
吃苦耐劳			
团队合作			
沟通协调			
责任担当			
劳动心得			
改进措施			

项目二　任务三

劳动内容			
评价项目	评价主体		
	自我评价	组长评价	对方评价
劳动意识			
吃苦耐劳			
团队合作			
沟通协调			
责任担当			
劳动心得			
改进措施			

模块八 劳动能力测评

项目一 任务一

劳动内容			
评价项目	评价主体		
	自我评价	组长评价	对方评价
劳动意识			
吃苦耐劳			
团队合作			
沟通协调			
责任担当			
劳动心得			
改进措施			

项目一　任务二

劳动内容			
评价项目	评价主体		
	自我评价	组长评价	对方评价
劳动意识			
吃苦耐劳			
团队合作			
沟通协调			
责任担当			
劳动心得			
改进措施			

项目一　任务三

劳动内容			
评价项目	评价主体		
	自我评价	组长评价	对方评价
劳动意识			
吃苦耐劳			
团队合作			
沟通协调			
责任担当			
劳动心得			
改进措施			

项目二   任务一

学生姓名		电 话	
所在学院		班 级	
劳动负责人		劳动内容	
劳动时间		劳动地点	

测评内容(每个板块占分10分,共80分,48分及以上为合格)

对以下内容进行评分	自我评分	责任人评分	备注
1. 在志愿者劳动中,自觉维护志愿者的形象			
2. 按时参与劳动,不迟到、早退,请假流程规范			
3. 劳动着装规范,微笑服务,无投诉			
4. 反应敏捷,能较好处理突发情况			
5. 思路开阔,对部门岗位工作方式方法能够提出建议			
6. 劳动情况,工作成果评价			
7. 定期与部门人员交流,及时沟通劳动问题			
8. 积极参加活动,按时完成各项工作任务			
总结报告(占20分)		(可附页)	
总分		测评内容合计达到60分方为合格	
志愿者签字		考核老师签字	

项目二 任务二

学生姓名		电 话	
所在学院		班 级	
劳动负责人		劳动内容	
劳动时间		劳动地点	

测评内容(每个板块占分10分,共80分,48分及以上为合格)

对以下内容进行评分	自我评分	责任人评分	备注
1. 在志愿者劳动中,自觉维护志愿者的形象			
2. 按时参与劳动,不迟到、早退,请假流程规范			
3. 劳动着装规范,微笑服务,无投诉			
4. 反应敏捷,能较好处理突发情况			
5. 思路开阔,对部门岗位工作方式方法能够提出建议			
6. 劳动情况,工作成果评价			
7. 定期与部门人员交流,及时沟通劳动问题			
8. 积极参加活动,按时完成各项工作任务			
总结报告(占20分)		(可附页)	
总分		测评内容合计达到60分方为合格	
志愿者签字		考核老师签字	

项目二   任务三

学生姓名		电　话	
所在学院		班　级	
劳动负责人		义卖主题	
义卖劳动时间		义卖地点	

测评内容(每个板块占分 10 分,共 80 分,48 分及以上为合格)

对以下内容进行评分	自我评分	责任人评分	备注
1. 在志愿者劳动中,自觉维护志愿者的形象			
2. 按时参与劳动,不迟到、早退,请假流程规范			
3. 劳动着装规范,微笑服务,无投诉			
4. 反应敏捷,能较好处理突发情况			
5. 思路开阔,对部门岗位工作方式方法能够提出建议			
6. 劳动情况,工作成果评价			
7. 定期与部门人员交流,及时沟通劳动问题			
8. 积极参加活动,按时完成各项工作任务			
总结报告(占 20 分)		(可附页)	
总分		测评内容合计达到 60 分方为合格	
志愿者签字		考核老师签字	

项目三　任务一

劳动内容			
评价项目	评价主体		
	自我评价	组长评价	对方评价
劳动意识			
吃苦耐劳			
团队合作			
沟通协调			
责任担当			
劳动心得			
改进措施			

项目三　任务二

劳动内容			
评价项目	评价主体		
	自我评价	组长评价	对方评价
劳动意识			
吃苦耐劳			
团队合作			
沟通协调			
责任担当			
劳动心得			
改进措施			

项目三 任务三

劳动内容			
评价项目	评价主体		
	自我评价	组长评价	对方评价
劳动意识			
吃苦耐劳			
团队合作			
沟通协调			
责任担当			
劳动心得			
改进措施			

模块九　劳动能力测评

项目一

(一) 劳动教育实践课程考核表

劳动教育实践课程考核表						
姓名		学号		专业		
劳动课名称		劳动内容		劳动时间	年　月　日至　　年　月　日	
劳动实践情况记录	劳动时间	地点	到岗情况	劳动时间	地点	到岗情况
	周一		□到岗　□未到岗	周二		□到岗　□未到岗
	周三		□到岗　□未到岗	周四		□到岗　□未到岗
	周五		□到岗　□未到岗	备注		
	个人劳动小结					
	以上内容由学生填写					
	劳动岗位部门意见		班级辅导员意见		公共劳动教研室评定	

说明:1. 劳动成绩分优秀、合格、不合格三个等级,学生成绩由劳动教学团队评定。
　　　2. 学院将劳动成绩汇总到考核成绩,存入学生个人档案,并将成绩录入教务管理系统。

(二) 课后作业

用新媒体形式记录劳动时的魅力身影,劳动后的丰硕成果。

项目二

（一）劳动能力测评表

序号	任务内容	分值	评分要素	任务评价				
				劳动动机、出勤情况、现场表现、劳动心得				
				自评	互评	师评	综合评分	备注
1	劳动教育课	20						
2	技能大练兵	20						
3	公益志愿服务	20						
4	社会实践活动	20						
5	劳动标兵评选	20						
		100						
综合评价								

注：评价按 A(18—20 分)，B(15—17 分)，C(11—13 分)，D(8—10 分)评分。

（二）课后作业

（1）利用网络、电视、报刊等，搜集五一劳动模范事迹和五四优秀青年事迹。通过自媒体形式宣传他们背后的感人故事。

（2）整理劳动教育月"劳动日记"。

项目三

（一）技能考核评价

班　级		姓　名	
学　号		小组成员	
实践项目			
实践流程			
结果分析			
自我评价	优秀□　合格□　不合格□		
教师评价	优秀□　合格□　不合格□ 教师签名：　年　月　日		

（二）学习过程评价

序号	考核内容	配分	评分要素	自评	互评	师评
1	小组准备	10				
2	知识运用	30				
3	成果展示与任务报告	20				
4	学习态度与课堂纪律	15				
5	自主学习与动手能力	10				
6	团队配合	15				
7	总分统计	100				
	综合评价					

郑重声明

高等教育出版社依法对本书享有专有出版权。任何未经许可的复制、销售行为均违反《中华人民共和国著作权法》，其行为人将承担相应的民事责任和行政责任；构成犯罪的，将被依法追究刑事责任。为了维护市场秩序，保护读者的合法权益，避免读者误用盗版书造成不良后果，我社将配合行政执法部门和司法机关对违法犯罪的单位和个人进行严厉打击。社会各界人士如发现上述侵权行为，希望及时举报，我社将奖励举报有功人员。

反盗版举报电话　(010)58581999　58582371

反盗版举报邮箱　dd@hep.com.cn

通信地址　北京市西城区德外大街 4 号　高等教育出版社知识产权与法律事务部

邮政编码　100120

高等教育出版社　　　**教学资源服务指南**

感谢您使用本书。为方便教学，我社为教师提供资源下载、样书申请等服务，如贵校已选用本书，您只要关注微信公众号"高职素质教育教学研究"，或加入下列教师交流QQ群即可免费获得相关服务。

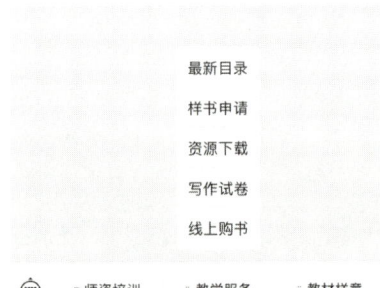

"高职素质教育教学研究"公众号

资源下载：点击 "**教学服务**"—"**资源下载**"，或直接在浏览器中输入网址（http://101.35.126.6/），
　　　　　　注册登录后可搜索下载相关资源。（建议用电脑浏览器操作）
样书申请：点击 "**教学服务**"—"**样书申请**"，填写相关信息即可申请样书。
样章下载：点击 "**教材样章**"，可下载在供教材的前言、目录和样章。
师资培训：点击"**师资培训**"，获取最新直播信息、直播回放和往期师资培训视频。

⊙ **联系方式**

高职劳动教育教师交流QQ群：747785932
联系电话：（021）56961310　　电子邮箱：3076198581@qq.com